W0209671

Gaspard Gantzer

Êtes-vous encore de gauche ?

Dans les coulisses de la chute du PS

Flammarion

ISBN : 978-2-0815-1361-7
© Flammarion, 2022.

À Arthur, Lola, Paul et Robin

À Rosanna

« J'ai fait de grands serments
de ne me mêler plus du monde. »

Molière, *Les Fourberies de Scapin*,
Acte I, scène 3

Avant-propos

En 2017, je quittai l'Élysée après trois ans de vie intense aux côtés de François Hollande. Je pensais alors avoir définitivement tourné la page de l'action politique. La vie en a décidé autrement puisque j'ai fait un nouveau tour de piste en me portant candidat aux élections municipales de 2020 à Paris.

Plus de deux ans après et malgré la défaite, j'en conserve aujourd'hui un excellent souvenir. Mais la politique me semble bien loin. J'ai renoué avec la vie d'entrepreneur en créant une agence de conseil en communication et je donne des cours d'institutions politiques et de communication à Sciences Po et à HEC. J'ai du temps pour lire, pour écrire et surtout pour prendre soin des miens.

De là où je suis, j'observe la vie politique avec une agréable distance et je me permets de la commenter régulièrement dans les médias. Je le fais avec autant d'humilité que possible, car j'ai moi-même essuyé plusieurs échecs. Je le fais avec respect, car je sais à quel point il est difficile d'être candidat à une élection ou d'exercer des responsabilités politiques, au niveau local comme au niveau national. La défiance n'a jamais été aussi forte, le lynchage numérique est devenu monnaie courante sur les réseaux sociaux, et les crises sont permanentes, de sorte que faire de la politique s'apparente de plus en plus à un engagement sacerdotal.

Je m'exprime en toute liberté et indépendance, car, après avoir été membre plus de dix ans du Parti socialiste et quelques mois de La République en marche, je ne suis plus affilié à aucun parti politique.

La plupart du temps, je prends la parole pour apporter un éclairage technique sur la communication, décrypter les stratégies à l'œuvre ou donner quelques éléments sur les coulisses des décisions politiques et des campagnes.

Ce n'est pas l'envie qui m'en manque, mais je me fais un devoir de m'abstenir de donner mon avis, mon point de vue militant, car ce n'est pas ce qui m'est demandé, même si ceux qui m'invitent et ceux qui m'écoutent connaissent mon parcours, très marqué par mon passage à l'Élysée auprès de François Hollande, mais aussi par mes vieux liens d'amitiés avec Emmanuel Macron et par ma candidature à la mairie de Paris, sous la bannière du mouvement citoyen Parisiennes, Parisiens, puis de La République en marche.

Aujourd'hui, je décide cependant de quitter temporairement ma zone de confort. Je prends la plume pour parler de la gauche, alors que celle-ci vient d'être éliminée une nouvelle fois au premier tour de l'élection présidentielle et d'essuyer une défaite de plus aux élections législatives. La gauche dans son ensemble est plus que jamais menacée de marginalisation. Le PS risque quant à lui la vassalisation, tant il est dominé politiquement, aussi bien par la majorité présidentielle que par La France insoumise. L'heure me semble suffisamment grave pour m'interroger sur les causes et les conséquences de cette déroute.

Je ne suis pas le seul à le faire. De nombreux acteurs, témoins et analystes politiques suivent le même chemin. J'écris donc avec modestie, en revendiquant ma propre subjectivité, fruit de mon parcours personnel, professionnel et politique.

Ces cinq dernières années, je me suis attaché à observer mon ancien camarade de l'ENA, Emmanuel Macron, arrivé aux plus hautes fonctions de l'État, échangeant régulièrement avec lui et ses conseillers, à leur demande, sans pour autant devenir un visiteur du soir ou un collaborateur. J'ai préféré conserver une forme de distance, politique et personnelle, afin de pouvoir m'exprimer librement, y compris de façon critique, mais aussi pour me détacher du quotidien du pouvoir et écrire ma propre histoire, loin des ors de la République.

En mars 2019, alors que j'annonçais sur France Inter ma candidature à la mairie de Paris, Léa Salamé m'avait demandé : « Êtes-vous toujours de gauche ? » J'avais répondu de façon confuse, expliquant que je venais de la gauche, mais que je ne réfléchissais pas à l'avenir des Parisiennes et des Parisiens en me posant cette question. Je cédais alors sans doute à la mode du dépassement macronien du clivage droite-gauche, et je cherchais à me distinguer de la maire socialiste Anne Hidalgo en tentant de séduire l'électorat modéré de la capitale. Au-delà de ces concessions à l'air du temps et à la tactique électorale, j'avais alors de vrais doutes sur l'avenir de la gauche, et même sur la signification et le contenu du terme. Ces doutes se sont estompés depuis et se sont mués en interrogations légitimes sur l'opportunité et la façon de réhabiliter les clivages et de refonder la gauche.

Il y a bien entendu plusieurs gauches. On peut estimer aujourd'hui qu'il y en a trois principales, comme il y a trois droites pour l'historien René Rémond. Il y a une gauche radicale, révolutionnaire, anti-européenne et anti-capitaliste, celle des Insoumis et de Jean-Luc Mélenchon. Il y a une gauche écologiste, qui fait de la défense de la biodiversité et de la lutte contre le réchauffement climatique sa priorité, celle d'Europe-Écologie-Les-Verts. Il y a enfin une gauche socialiste, sociale-démocrate, réformiste, de gouvernement, celle du Parti socialiste qui n'a jamais été si affaibli, celle dans laquelle je me reconnais pourtant toujours le plus aujourd'hui et sur laquelle je me concentrerai dans ce livre. Chacune de ces gauches est traversée par plusieurs courants et sous-courants qui rendent encore plus difficile leur identification.

Comment s'y retrouver ? Certainement en assumant une part de subjectivité. En faisant autant appel à la raison qu'à la passion. Personnellement, je suis de gauche car je donne la priorité à la lutte contre les inégalités. Je suis de gauche car je crois dans la redistribution et la justice sociale. Je suis de gauche car je préfère la justice à la sécurité. Je suis de gauche car je suis écologiste. Je suis de gauche car je suis laïc. Je suis de gauche car je suis attaché au renforcement des services publics, des pouvoirs du Parlement et des prérogatives des collectivités territoriales. Je suis de gauche car je pense que rien n'est plus important que la culture et l'éducation. Je suis de gauche car je suis européen et universaliste.

Force est de constater aujourd'hui qu'Emmanuel Macron, qui avait été élu majoritairement par les voix de la gauche en 2017, a glissé au centre droit puis à droite. Si difficile à cerner et à définir, le macronisme est aujourd'hui une idéologie syncrétique, mêlant libéralisme économique, conservatisme social, bonapartisme politique et européisme diplomatique.

Malgré ses récents discours sur l'écologie, la démocratie et le pouvoir d'achat prononcés la main sur le cœur pendant l'entre-deux-tours de la dernière présidentielle, pour ramener à lui les électeurs de Yannick Jadot et, surtout, de Jean-Luc Mélenchon, malgré la nomination d'une Première ministre venue de la gauche, Emmanuel Macron n'a plus quitté cette partie de l'échiquier politique, faisant de ses électeurs de gauche des cocus, frustrés ou contents, comme dans la chanson de Serge Lama.

Résultat : la gauche de gouvernement est aujourd'hui orpheline. Elle n'a plus de leader, plus de parti, plus d'idées. Elle est tiraillée entre deux tentations, celle de rejoindre la majorité présidentielle pour y constituer une aile gauche bien faible, et celle de se radicaliser en s'alliant durablement avec la gauche des Insoumis et de Jean-Luc Mélenchon, comme cela a été le cas lors des récentes élections législatives.

Comment en est-on arrivé là ? Qui est responsable ? Pouvons-nous nous en sortir ? Si oui, comment ?

Je vais tenter de répondre humblement à ces questions dans ce livre, en partant chaque fois de ce que j'ai vécu, de ce que j'ai vu et ressenti, mais aussi de ce que j'ai pu lire, observer et décrypter, en discutant avec des proches du pouvoir, en échangeant avec mes étudiants ou en préparant mes interventions dans les médias.

Je n'ai pas la prétention d'être objectif, mais j'essaierai du moins de l'être autant que possible, sachant que j'ai l'avantage d'être désintéressé. J'ai quitté la vie politique et je n'ai pas l'intention d'y revenir. Je ne suis candidat à aucune élection. Je ne brigue aucun poste, aucune fonction. Je tiens à ma vie actuelle de chef d'entreprise, d'enseignant et de chroniqueur. Je ne recherche pas de responsabilités nouvelles. Je fuis les honneurs. Je n'attends aucune médaille ou décoration. Je veux juste partager quelques idées et constats. François Hollande m'avait confié un jour que les bonnes idées sont faites pour être volées. Tant mieux si certaines des miennes circulent un peu.

Je ne serai pas non plus exhaustif, car je n'ai ni le temps ni l'envie et encore moins les compétences ou le talent pour bâtir un traité philosophique ou historique épuisant l'analyse des causes et conséquences de l'effondrement du socialisme en France.

Je parlerai en revanche avec le cœur car même si je me tiens aujourd'hui à l'écart de la vie politique, je n'ai pas rangé mon drapeau et j'ai toujours des convictions chevillées au corps. Malgré les épreuves, les désillusions et les échecs, je me sens plus que jamais de gauche. Et vous ? L'êtes-vous encore ?

Introduction

Depuis quand suis-je de gauche ?

J'ai adhéré au Parti socialiste en 2002, après l'élimination de Lionel Jospin au premier tour de l'élection présidentielle. Vingt après, le drame se reproduit, mais de façon plus terrible encore, puisque cette fois Anne Hidalgo, la candidate du PS, a récolté moins de 2 % des suffrages.

Entre-temps, j'ai quitté le parti, mais je n'ai pas oublié pourquoi j'y ai adhéré et comment, venant de la droite, j'ai compris que j'étais de gauche.

Une famille de droite

Je suis né à droite de l'échiquier politique. Du côté de mon père, mes grands-parents étaient clairement de droite et mon père, lui, ne m'a confié que récemment qu'il votait à gauche, ce qui m'a surpris tant depuis mon enfance il ne m'avait jamais parlé de politique. Au fond de moi, connaissant son amour de la liberté et son indépendance d'esprit, j'avais acquis la conviction qu'il ne votait pas.

Du côté de ma famille maternelle, aucun doute en revanche, ils étaient de droite, une droite catholique et républicaine, dont ma mère a hérité, si je puis dire, elle qui disait ne pas aimer les gens de gauche, qu'elle jugeait « hypocrites ». Elle s'y est cependant intéressée progressivement et a finalement décidé de voter à gauche à partir de 1997. Ai-je joué un rôle dans cette évolution ? Je ne sais. Elle était pédiatre, à l'hôpital, dans une pouponnière et en ville. Sensible à la souffrance humaine et aux inégalités, elle avait sans doute le cœur à gauche depuis longtemps, sans qu'elle en tire les conséquences dans les urnes. Toujours est-il que quelques années plus tard, en 2014, elle a été candidate sur une liste socialiste aux élections municipales, dans le 6e arrondissement, en soutien à Anne Hidalgo.

Son frère aîné, mon parrain de baptême, a aussi été mon parrain politique. Admiratif du général de Gaulle, il se définissait comme un gaulliste de gauche. Il votait donc à droite. Il avait beaucoup d'admiration pour Séguin et se reconnaissait dans son combat contre la construction européenne, dans son « non » au traité de Maastricht.

Jeune adolescent, je l'ai accompagné à une réunion du Rassemblement pour une autre politique, le RAP, présidé par Philippe Séguin, avec Roger Karoutchi comme cheville ouvrière. C'était en 1995. Séguin était président de l'Assemblée nationale.

Nous avions assisté à un colloque sur l'Europe, où Henri Guaino et Emmanuel Todd avaient pris la parole, disant tout le mal qu'ils pensaient de l'Europe telle qu'elle se faisait. Puis nous avions dîné sur une péniche amarrée non loin de là. L'ambiance était joyeuse et bon enfant. Il faut dire que les chiraquiens revenaient de loin. Mais je ne me sentais pas très à l'aise au milieu de cette meute de chemises vichy et de pulls noués sur les épaules, ambiance « la droite revient » des années 1980. Le discours souverainiste avait une tonalité nostalgique et étriquée qui ne me plaisait pas. La peur de l'étranger suintait des discours qui exaltaient la France à tout bout de champ et semblaient redouter son déclin.

On se construit souvent contre. Ce jour-là, je me suis dit que cette famille politique ne serait pas la mienne. J'avais cependant contracté sans le savoir le virus de la politique, et je m'en suis rendu compte quelques mois plus tard, en février 1996, grâce à Jacques Chirac.

Chirac à l'Élysée

Au début de l'année 1996, une délégation parlementaire réfléchissant à l'avenir du service militaire s'était rendue au lycée Louis-Armand, dans le 15ᵉ arrondissement, où j'étais en première, pour rencontrer les élèves. La troupe d'élus comptait une dizaine de membres, dont Jean Glavany. Philippe Séguin, encore lui, poches noires sous les yeux, voix caverneuse sculptée par le tabac, sourcils broussailleux, présidait la délégation et dirigeait les échanges. La discussion était extrêmement bienveillante et le débat véritablement ouvert à la contradiction. Il avait fini par me donner la parole. Du haut de mon mètre soixante-dix, j'avais exprimé le plus calmement possible, en tentant de maîtriser ma voix qui hésitait encore à l'époque entre plusieurs tonalités, mon opposition au service militaire. Je ne me fondais pas sur des statistiques ou des arguments philosophiques, mais sur une réalité pratique : à l'époque, échapper au service militaire était devenu un sport national, dans lequel les fils de la bourgeoisie tiraient beaucoup mieux leur épingle du jeu, parvenant à se faire exempter ou à effectuer leur service dans le civil ou à l'étranger, quand les enfants d'ouvriers et d'employés devaient passer plusieurs mois à se tourner les pouces dans des casernes perdues. Après avoir rappelé ces faits incontestables, j'avais ajouté que je restais cependant attaché à l'idée d'un engagement citoyen obligatoire, qui pourrait sans doute prendre la forme d'un service civique.

Philippe Séguin avait fait la moue en m'écoutant. J'avais cru percevoir un sourire d'approbation, mais il s'agissait peut-être d'un simple exercice pour détendre ses maxillaires endoloris. Quoi qu'il en soit, à la sortie, des caméras s'étaient tournées vers moi et j'avais raconté la réunion, mèche juvénile devant les yeux, sans parvenir à dire grand-chose de mes convictions.

Les semaines étaient passées et un jour, à la sortie d'un cours, j'eus la surprise de recevoir la visite de la proviseure du lycée. « Vous allez vous rendre à l'Élysée pour une rencontre avec le Président », me dit-elle, comme s'il s'agissait d'un rendez-vous chez le dentiste. Quelques jours plus tard, je recevais chez moi un carton à l'écriture calligraphiée qui m'annonçait que j'étais attendu pour un déjeuner avec Jacques Chirac et des personnes ayant participé au débat sur l'avenir du service militaire.

Nous avons été reçus dans un des salons du rez-de-chaussée. Hervé de Charette, ministre des Affaires étrangères, et Charles Millon, ministre de la Défense, faisaient la conversation pendant que des serveurs en costumes bleu et rouge nous servaient de l'eau pétillante et du jus d'orange pressée. Nous devions être une quarantaine, entre quinze et vingt-cinq ans, lycéens, étudiants, jeunes actifs, appelés sous les drapeaux et militaires de carrière, à nous gaver de pistaches et de canapés au saumon, sous l'œil goguenard de généraux étoilés qui tapaient du pied en attendant le début du repas.

Dans le salon Murat, lieu habituel de réunion du Conseil des ministres, une grande table avait été dressée pour l'occasion. Je me retrouvai à côté d'un amiral aux tempes grisonnantes, à deux ou trois places sur la gauche d'un siège vide.

« Monsieur le président de la République », hurla un huissier, laissant le silence s'installer, avant que s'engouffre dans la pièce une rafale de vent d'un mètre quatre-vingt-dix, qui fit le tour de la table en quelques secondes, après avoir échangé une poignée de main franche et virile avec chaque invité.

Le président Chirac commanda deux bières. Il but la première en nous écoutant nous présenter et donner notre vision du service. Il avala la deuxième d'un trait, pour s'éclaircir la gorge, avant de nous annoncer qu'il allait abolir le service militaire, en nous expliquant assez rapidement pourquoi, mais en prenant le temps de nous regarder individuellement, comme pour nous convaincre un à un.

Je m'endormis le soir en me disant que cette journée m'avait tout de même bien plu et que cela valait la peine de s'intéresser d'un peu plus près encore à la politique. Avoir été dans les coulisses au moment de la prise de la décision, avoir pu observer le savoir-faire de Séguin et de Chirac m'avait captivé. J'avais senti une terrible excitation en prenant la parole devant le Président et en m'exprimant ensuite devant les quelques micros et caméras qui nous attendaient à la sortie.

J'avais le virus. Incontestablement. Cependant, même reconnaissant et admiratif de Jacques Chirac, je ne me sentais pas du tout proche de lui politiquement. J'en avais la conviction, je n'étais pas de droite, mais je n'étais pas encore de gauche.

Les années lycée

À Louis-Armand, lycée technologique dans lequel j'avais atterri après avoir demandé à quitter le collègelycée privé Sainte-Élisabeth, j'avais trouvé des camarades beaucoup plus sympathiques, et nous passions nos journées à faire du sport et à jouer au flipper dans le bar d'en face. Plongé dans un milieu social différent du mien, je découvrais naïvement le poids des inégalités. Mes discussions avec les élèves et les professeurs ainsi que mes premières lectures me permirent de mettre des mots dessus.

Ma professeure de sciences économiques et sociales, Mme Lecouvreur, avait décidé de ne consacrer qu'une partie infime de son programme à l'économie, pour privilégier l'étude de la sociologie. Elle avait une passion pour les travaux de Pierre Bourdieu et nous initia aux *Héritiers*, à *La Distinction* ou encore à *La Noblesse d'État*. D'une voix calme, elle réglait son compte à ceux qu'elle appelait les bourgeois, et nous invitait à nous interroger sur les déterminismes sociaux, ceux des autres comme les nôtres.

Ses mots ont cheminé tranquillement en moi, jusqu'à mon année de terminale, où l'étude de la philosophie acheva de me faire basculer. Le professeur de philosophie s'appelait Daniel de Buren. Quand il ne se laissait pas aller à nous parler de métaphysique, il se concentrait sur Platon et Kant. Le cours n'était qu'une grande discussion, à l'américaine, et par l'interrogation et la déduction, il nous faisait comprendre le mythe de la caverne et l'esprit des Lumières. Il avait aussi une passion pour Pierre Bourdieu, dont il semblait connaître par cœur le petit essai sur la télévision, et pour Freud, dont la lecture me plongea dans des abîmes de perplexité.

Après le déterminisme de Bourdieu, je rencontrais l'inconscient freudien. Quelle place me restait-il pour mon libre arbitre ?

J'ai alors changé de grille de lecture du monde. Je ne voyais plus que le poids du capital social, économique et culturel dans la construction des relations sociales, que j'assimilais de plus en plus à des rapports de domination, quand ce n'était pas à un sport de combat, pour reprendre le titre du documentaire de Pierre Carles dédié à la sociologie critique. Dans le même temps, d'une manière qui devait être épuisante pour mes amis, j'analysais en permanence leurs caractères, formules et lapsus, pour y débusquer le poids de l'inconscient et de je ne sais quel traumatisme.

J'étais mûr intellectuellement pour me sentir de gauche.

Élections 1997

J'étais en terminale quand Jacques Chirac a eu la drôle d'idée de dissoudre l'Assemblée nationale. Étant né en septembre 1979, je ne pouvais malheureusement pas participer aux élections législatives du printemps 1997, à quelques semaines près.

C'était frustrant, car j'avais décidé de voter pour les socialistes à celles qui devaient avoir lieu un an plus tard. J'ai cependant suivi en supporter l'ensemble des débats qui conduisirent à la victoire surprise de la gauche.

Dans les jours qui suivirent, je me souviens que Lionel Jospin se rendit à l'Élysée et annonça lui-même sa nomination à la tête du gouvernement. Il composa une *dream team*, avec des ministres expérimentés, dotés d'un fort caractère : Martine Aubry était numéro 2 du gouvernement et à la tête du ministère de l'Emploi et de la Solidarité, DSK dirigeait un grand Bercy, Jean-Pierre Chevènement était à l'Intérieur, Hubert Védrine aux Affaires étrangères, Élisabeth Guigou à la Justice, etc. Ils connaissaient les rouages de l'État pour avoir déjà été ministres ou avoir déjà travaillé à l'Élysée, au plus près du président Mitterrand. À l'exception d'Hubert Védrine ou de Claude Allègre, tous étaient des parlementaires ou élus locaux chevronnés, connaissant parfaitement les pièges de la vie politique, ayant l'habitude des médias et du contact sur le terrain. Les socialistes ne bénéficiant pas à eux seuls de la majorité absolue à l'Assemblée nationale, Lionel Jospin avait par ailleurs dû composer son gouvernement en tenant compte du poids des communistes, des écologistes et des radicaux, qui formaient la majorité plurielle. Il y avait là aussi de sacrés personnages, comme Jean-Claude Gayssot à l'Équipement, Dominique Voynet à l'Environnement ou Émile Zuccarelli à la Fonction publique.

Tout dans ce gouvernement exprimait la rectitude, exactement à l'image, austère, du Premier ministre. Un jour, François Hollande a dit à propos d'Alain Juppé qu'il avait une « tête d'impôt ». C'était méchant, mais bien vu. Pour Lionel Jospin, on pourrait dire qu'il avait la tête d'un sévère proviseur du secondaire, syndiqué jusqu'au bout des ongles et militant au Parti socialiste. Mais s'il ne faisait rire personne, il réussissait. Il menait ses réformes tambour battant. 35 heures, emplois-jeunes, couverture maladie universelle, rien ne semblait lui résister. Il déjouait tous les pronostics économiques. La croissance reprenait de la vigueur. Le chômage baissait. Les experts étaient en pâmoison devant son action. On se demandait un jour si nous allions atteindre le chômage d'équilibre, un autre si on était entrés dans une ère de croissance perpétuelle. La guerre semblait elle aussi avoir disparu des écrans radar. La démocratie, les droits de l'homme et l'économie de marché étaient devenus des potions universelles, comme l'avait prédit quelques années plus tôt Francis Fukuyama, dans un article puis un essai consacré à *La Fin de l'histoire*.

De son côté la droite semblait K-O. Elle enchaînait les dirigeants et les déroutes électorales. Les défaites morales venaient aggraver les revers politiques, comme aux régionales de 1998, où une partie des leaders centristes tenta de s'allier avec l'extrême droite, provoquant un torrent d'indignation et une vague de manifestations.

J'étais à l'époque en première année à l'université de Paris 2-Panthéon-Assas. Je m'y étais retrouvé après avoir raté le concours d'entrée à Sciences Po, en raison de trop mauvais résultats en anglais, et malgré un été passé à réviser, au sein d'une classe préparatoire privée, où Nicolas Demorand, alors jeune normalien, enseignait la culture générale, les cheveux ébouriffés et l'œil rieur, en mêlant des références éclectiques, d'Italo Calvino à Carl Schmitt en passant par Aristote.

Assas n'était pas un repaire de gauchistes. La plupart des étudiants étaient gentiment de droite, comme leurs parents. Ils avaient cependant tous été choqués par la compromission d'une partie des dirigeants du centre droit avec l'extrême droite. Le combat contre le Front national était la grande affaire de l'époque. SOS Racisme tirait ses derniers feux. Jean-Christophe Cambadélis avait créé le Manifeste contre le Front national. L'UNEF avait emboîté le pas et était devenue majoritaire, y compris à Assas, contre toute attente. Assas n'en restait pas moins un espace très peu politisé. On y parlait plus de droit civil et de droit constitutionnel que de majorité plurielle, de carrières d'avocat que de militantisme, de boîtes de nuit que de réunions de section du Parti socialiste.

La politique semblait avoir quitté les amphis, ici comme ailleurs. La gauche était au pouvoir, elle réussissait à peu près sur tous les plans. Pour elle aussi, c'était un peu la fin de l'histoire.

Sciences Po

J'entrai finalement à Sciences Po en octobre 1998. Je découvris un univers où tout le monde était de gauche. Les professeurs comme les étudiants.

L'école était dirigée par Richard Descoings, ancien conseiller de Jack Lang au ministère de l'Éducation nationale. Il nous avait fait grande impression le jour de la rentrée, en déboulant dans l'amphithéâtre Émile-Boutmy, crâne rasé et peau bronzée, pour nous livrer sa vision de la transformation de cette institution en une formation en cinq ans, avec une troisième année à l'étranger. « Sciences Po, c'est le Brésil », nous avait-il dit, nous invitant à parcourir le monde, à nous amuser autant qu'à travailler.

Mes professeurs de première année étaient quasiment tous sociaux-démocrates. Olivier Duhamel s'occupait du cours magistral d'institutions politiques et allait devenir député européen pour le Parti socialiste. Jacques Généreux – futur rédacteur du programme économique de Jean-Luc Mélenchon en 2017 –, qui avait la charge du cours d'économie, nous avait avertis le jour de la rentrée : « Je suis socialiste et keynésien. » Jean-Pierre Azéma, notre professeur d'histoire, n'avait pas caché sa préférence pour la gauche. Seul Alain-Gérard Slama, qui nous enseignait les idées politiques, faisait exception. Il était de droite, chroniqueur au *Figaro*, et il s'amusait lui-même de sa position minoritaire.

Nous avions aussi des conférences de méthode, des cours en plus petits effectifs. Mes maîtres de conférences étaient aussi tous impliqués à gauche. Yves Léonard, chargé de l'histoire, était fabiusien, engagé aux côtés du président de l'Assemblée nationale sur ses terres de Normandie. Thierry Moulonguet, qui nous enseignait l'économie, travaillait chez Renault, mais avait auparavant été le directeur de cabinet de Bernard Kouchner quand celui-ci était secrétaire d'État en charge de l'Action humanitaire. Bernard Gaudillère, notre maître de conférences en institutions politiques, avait été directeur de cabinet d'Henri Emmanuelli et Louis Mermaz au cours des années 1980, et il commençait à préparer la campagne de Bertrand Delanoë pour la mairie de Paris en 2001. Il serait ensuite son directeur de cabinet pendant sept ans.

Les étudiants étaient tout aussi socialistes que leurs enseignants. Pendant trois ans, je n'ai pas croisé beaucoup de monde de droite, à part peut-être Édouard Fillias, le responsable de l'UNI. Tous mes amis étaient de gauche, de Bastien Sibille, dont le père conseillait Martine Aubry rue de Grenelle, à Mathias Fekl, en passant par Mehdi Benhabri. Certains étaient plus engagés que d'autres, comme Fabrice Lacroix, partenaire de rugby, qui revendiquait son communisme, Mathias Vicherat, qui travaillait au cabinet de Jean-Luc Mélenchon, au ministère de l'Enseignement professionnel, ou mon ami Bastien, qui avait participé à la création d'une antenne de l'association Attac rue Saint-Guillaume.

Tout le monde était de gauche, mais peu d'étudiants étaient encartés. La gauche plurielle nous semblait être au pouvoir pour vingt ans. Pourquoi s'engager ? Nous nous concentrions donc sur nos études, le sport et nos vies privées.

Pour ma part, je me sentais socialiste, enfin. Je n'étais pas fasciné par l'action du gouvernement, que je suivais de loin, mais je ne considérais pas non plus ses membres comme des sociaux-traîtres. Une partie de moi aimait leur pragmatisme réformateur. Une autre regrettait leur manque de souffle révolutionnaire, de désir de changer la vie. Lionel Jospin et son équipe faisaient le job, mais ils nous ennuyaient beaucoup. Cela n'avait donc aucun sens pour moi de franchir le pas de l'adhésion au Parti socialiste. Je ne me sentais pas assez proche de ce parti de gouvernement, et je me méfiais de cette organisation, que je percevais comme très bureaucratique. Son premier secrétaire – le jeune François Hollande – avait l'air vif et intelligent. À l'écouter à la radio et à le voir à la télévision, il avait le sens de la formule et un humour corrosif, mais cela ne me suffisait pas pour me mettre à payer une cotisation et rejoindre une section.

Les jours, les semaines, les mois s'écoulaient ainsi à Sciences Po, sans passion politique mais avec tranquillité. Je franchissais les étapes les unes après les autres. À la fin de ma première année, je rejoignis la section service public, non sans avoir hésité à devenir journaliste.

De ma deuxième année, je retiens les conférences d'Édouard Philippe. Démesurément grand, maigre comme un clou, la calvitie bien avancée, il nous enseignait les rudiments du droit public de bon matin, nous invitant à aller courir quelques kilomètres avant le cours, histoire de ne pas piquer du nez à l'évocation des grands arrêts de la jurisprudence administrative.

Il était visiblement passionné par la politique. Au cours du traditionnel dîner de conférence en fin de semestre, l'un de nous se risqua à lui demander s'il ne regrettait pas de ne pas être en cabinet ministériel. « Pas du tout », nous répondit-il, avant d'ajouter : « Je ne pense pas que faire du cabinet soit l'alpha et l'oméga, mieux vaut être élu, c'est ça faire de la politique », puis de conclure : « Et puis j'ai été rocardien il y a quelques années, mais je suis aujourd'hui clairement de l'autre côté. » Tout au long de la soirée, il nous avait ensuite laissés percevoir ses convictions politiques, aussi fortes que son ambition. Il n'était visiblement pas là pour faire de la figuration, mais se voyait haut, très haut, ne démentant jamais quand mes camarades, grisés par la soirée, lui demandaient s'il se voyait un jour ministre, Premier ministre et même Président.

Je ne fus donc pas surpris de le voir se lancer, quelques années plus tard, d'abord comme directeur général de l'UMP, puis comme maire du Havre et enfin comme député et porte-parole d'Alain Juppé. Je le fus davantage quand il devint Premier ministre, lui qui avait tout perdu politiquement quelques mois plus tôt, lui à qui Emmanuel Macron – qui était encore censé venir de la gauche – ne devait rien. Je m'étais alors fendu d'un appel à Philippe Grangeon, proche conseiller du nouveau président de la République, pour lui faire part de mon étonnement. « Édouard Philippe à Matignon, c'est un sacré pari », lui avais-je dit dans un sourire, avant d'ajouter : « Il est super fort, il va faire le job, mais il a aussi de l'ambition, il sera candidat à l'élection présidentielle contre Emmanuel en 2022, tu verras. » « J'en prends bonne note », m'avait répondu Philippe, ne me prenant sans doute pas au sérieux sur le moment. Il ne l'a cependant pas oublié. Et depuis, à chacune de nos rencontres, il me rappelle ma prophétie.

Emmanuel Macron, lui, avait été moins prudent, quand le sujet avait été abordé par François Hollande, lors de leur entretien de passation du pouvoir. Le président sortant l'avait averti : « Tu verras, il cherchera à s'émanciper à un moment ou un autre, à te concurrencer, même, c'est la logique. » Le nouveau président avait rétorqué sans traîner : « Pas du tout, ça n'arrivera pas, il me doit tout », oubliant sans doute que l'on peut être nommé au gouvernement alors que l'on n'est rien politiquement et être candidat à l'élection présidentielle deux ans et demi plus tard contre celui qui vous a fait.

Ma scolarité a ensuite filé jusqu'à un stage qui me vit m'envoler pour la Mission économique de New York, où je passai six mois auprès de Laurent Van Soen, qui me parlait avec des étoiles dans les yeux de ses années passées à travailler au sein du cabinet de Pierre Bérégovoy à Matignon, à l'Assemblée nationale auprès d'Alain Richard, et au ministère de l'Environnement, comme chef de cabinet de Dominique Voynet. Mon envie de faire du cabinet vient de là. C'est en l'écoutant que j'ai commencé à songer sérieusement à la politique.

Je me souviens enfin du discours de Richard Descoings, dans une boîte de nuit berlinoise, à la fin de ma scolarité, dans lequel il n'avait pas été question de politique ou de réussite professionnelle, mais d'amour et de liberté. Nous étions au début de l'été 2001 et le monde nous appartenait.

21 avril 2002

Le 21 avril 2002, j'étais à Bamako, arrivé au Mali depuis le mois de janvier pour un stage de six mois à l'ambassade de France. J'avais été admis à l'ENA quelques semaines plus tôt, à ma grande surprise.

Ce jour-là, nous étions partis en balade à Ségou, à une centaine de kilomètres au nord-est de la capitale, histoire de nous aérer un peu. La plupart d'entre nous n'avaient pas pris la peine de voter. Pour ma part, j'avais fait une procuration à ma mère. « Vote pour Jospin », lui avais-je demandé, l'invitant à faire comme moi, sans vraiment prendre la peine d'argumenter.

C'était un vote évident. Je ne voulais pas rater l'occasion de voter socialiste pour ma première élection présidentielle. Et puis, je ne voyais pas pour qui voter d'autre, contrairement à la majorité de mes amis parisiens qui se laissaient la possibilité de voter pour Christiane Taubira, Noël Mamère ou Olivier Besancenot pour envoyer un signal politique, la victoire de Lionel Jospin semblant acquise.

Elle ne l'était visiblement pas, comme la soirée le prouva. « Coup de tonnerre » : j'entends encore la voix du journaliste de RFI que nous écoutions en direct à 20 heures, sur un vieux transistor récupéré pour l'occasion chez « Vieux », le gardien de notre maison (qui devait avoir une vingtaine d'années, en dépit de son surnom) : « Jean-Marie Le Pen est au second tour de l'élection, Lionel Jospin est éliminé »... chaque syllabe résonne encore en moi plus de vingt ans après, et je me souviens de la mine défaite de mes colocataires.

Je n'avais pas du tout suivi la campagne, trop pris le jour par mon stage à l'ambassade et le soir par les fêtes dans les maquis de Bamako. Je n'ai rien vu venir, persuadé que la gauche allait gagner. Le bilan économique du gouvernement était bon, avec un chômage bas et une croissance forte. De nombreuses réformes avaient été réalisées. En face, Jacques Chirac n'avait rien fait, il était cerné par les affaires judiciaires et disposait de peu de soutiens au sein d'une droite où tout le monde semblait se détester.

Cependant, rétrospectivement, l'élimination de la gauche au premier tour peut sembler logique. Le contexte avait changé : la croissance ralentissait, le chômage augmentait et le 11 septembre 2001 avait sonné le glas de la *pax americana*. Lionel Jospin était usé par cinq ans à diriger le pays et avait commis l'erreur de gouverner jusqu'au bout, ce qui l'avait privé du recul et de la fraîcheur indispensables à la réussite d'une campagne. Il n'arrivait pas à fendre l'armure et à se départir de l'image austère qui lui collait à la peau, à construire un lien affectif avec les Français. Un trouble s'était même installé quand la presse avait révélé qu'il avait milité de nombreuses années au sein de l'Organisation communiste internationaliste, un groupuscule trotskyste particulièrement radical, dogmatique et porté sur l'entrisme de ses dirigeants au sein du pouvoir.

La gauche était par ailleurs divisée comme jamais. Chacun était parti de son côté. Jean-Pierre Chevènement l'avait fait avec sincérité, car il était en désaccord avec la politique conduite, notamment dans le domaine de la sécurité, et il pensait qu'il pouvait gagner. Les autres partis qui composaient la gauche plurielle avaient envoyé des candidats pour se compter et peser dans le futur quinquennat, persuadés qu'ils étaient que la victoire était dans la poche.

Lionel Jospin n'avait pas d'idées vraiment nouvelles, ce qui n'était guère enthousiasmant. On avait retenu l'objectif de « zéro SDF », qui avait semblé noble mais décalé par rapport à la réalité. Pendant la dernière ligne droite de la campagne, une polémique avait éclaté sur la dépénalisation du cannabis et on avait senti le candidat bien mal à l'aise.

Surtout, il avait commis une lourde erreur en disant de Jacques Chirac – en « off », comme on dit, dans un avion, au milieu d'une petite meute de journalistes – qu'il était « vieux, usé, fatigué », ce qui avait permis au président sortant de se victimiser, avec un beau sens de la formule, se plaignant d'être la cible d'une forme de « délit de sale gueule ». Lionel Jospin avait dû s'excuser, piteusement, à la télévision, pour mettre un terme à la controverse.

Chirac avait fait une campagne en contre, plutôt habile, en misant sur le thème de la sécurité, bien porté par les médias, et, surtout, en rassemblant son camp au sein d'une nouvelle Union pour la majorité présidentielle. Jean-Marie Le Pen avait fait la même campagne qu'en 1988 et 1995, et progressé de quelques points. Il semblait le premier surpris de se retrouver au second tour.

On connaît la suite. Dès le lendemain, les Français se sont réunis dans la rue pour manifester contre le Front national. Tous les partis ont appelé à faire barrage. À Bamako, des milliers de compatriotes ont fait la queue pour établir des procurations pour le second tour. Mieux valait tard que jamais...

Chirac l'emporta largement, avec plus de 80 % des voix, et sa majorité gagna les législatives dans la foulée, malgré la bonne campagne des socialistes, sous la direction d'un François Hollande qui avait ramassé à terre le drapeau de la gauche et commençait à s'affirmer comme un leader.

Plus de vingt ans après, je médite encore les leçons de cette élection. Une élection n'est pas un concours d'ego ou d'idées, c'est un mode d'attribution du pouvoir. Une élection n'est pas l'attribution d'une bonne note à un bilan, mais une projection vers l'avenir. Une élection n'est jamais gagnée d'avance, il faut mener campagne.

Je date toujours de ce soir-là mon souhait de m'engager en politique. Il était temps pour moi d'adhérer au Parti socialiste et de tenter de participer à sa reconstruction.

Présidentielle 2022,
le PS peut-il tomber plus bas ?

20 heures, en ce 24 avril 2022, le visage d'Emmanuel Macron s'affiche sur l'écran de la télévision familiale. Il remporte le second tour de l'élection présidentielle avec 58,55 % des suffrages exprimés, contre Marine Le Pen qui plafonne à 41,45 %.

Comme la majorité des citoyens, j'ai voté pour lui, moins par adhésion que pour barrer la route à l'extrême droite. Voter contre devient une habitude. Après 2002 et 2017, c'est déjà la troisième fois que je donne ma voix à un candidat pour faire barrage à la famille Le Pen. J'ai l'impression d'être davantage un castor qu'un électeur.

Pour la quatrième fois de l'histoire de la Ve République, après 1969, 2002 et 2017, la gauche n'a en effet pas été au second de l'élection présidentielle. Certes, Emmanuel Macron a toujours revendiqué un positionnement de droite et de gauche, mais, selon moi, cela exclut justement de le classer à gauche de l'échiquier politique. Il se situe plutôt en son centre, son centre-droit même.

Mais regardons plus précisément les résultats : si on cumule les voix obtenues par Jean-Luc Mélenchon, Yannick Jadot, Fabien Roussel, Anne Hidalgo, Philippe Poutou et Nathalie Arthaud, la gauche a obtenu 11 225 271 voix, soit 31,24 % des suffrages exprimés.

Ce faible résultat est paradoxal, car de nombreux facteurs lui étaient favorables. Premier d'entre eux : le président sortant, qui était resté relativement populaire tout au long du quinquennat, a aujourd'hui une mauvaise image : une majorité des Français le rejette, tant personnellement que politiquement. Son style de présidence est perçu comme autoritaire et solitaire, et il n'a pas tenu sa promesse de modifier la Constitution et d'introduire une dose de scrutin proportionnel. Il a mené une politique économique et sociale très à droite, favorable aux hauts revenus et aux détenteurs du capital. Il a été contesté dans la rue tout au long de son quinquennat, au point qu'il y a rarement eu autant de conflits dans l'espace public, de la contestation de la réforme des retraites aux protestations des antipass et des antivax, en passant par le mouvement des Gilets jaunes.

La gauche avait par ailleurs obtenu des résultats corrects aux élections intermédiaires. Aux européennes, les écologistes avaient créé la surprise en arrivant à la troisième place, derrière le Rassemblement national et la majorité présidentielle. Lors des élections municipales, la gauche avait remporté la quasi-totalité des grandes villes, permettant à des écologistes de prendre le pouvoir à Bordeaux, Lyon,

Poitiers ou encore Strasbourg, et au Printemps marseillais – un large rassemblement des partis de gauche et de la société civile – de s'installer à l'hôtel de ville de la cité phocéenne, après plusieurs décennies de gouvernance locale à droite, sous l'égide de Jean-Claude Gaudin. Aux départementales et aux régionales, la gauche avait réussi à conserver les conseils régionaux et départementaux dont elle avait la charge.

Le contexte économique, social et sociétal aurait enfin pu jouer en sa faveur. Le chômage a baissé, ce qui a été porté au crédit du président sortant, mais les inégalités de revenu et de patrimoine ont augmenté. En raison de l'inflation, le pouvoir d'achat s'est imposé comme le principal thème dans la dernière ligne droite de la campagne, et nous avons collectivement pris conscience de l'importance d'avoir des services publics forts à l'occasion de la crise de l'hôpital public et de l'épidémie de coronavirus. Enfin, tout au long du quinquennat, l'attention en matière d'écologie, mais aussi de lutte contre les agressions et harcèlements dont font l'objet les femmes et contre toutes les formes de discriminations aurait pu constituer un terreau favorable d'expression pour la gauche. Tous ces thèmes auraient dû jouer en sa faveur. Il n'en a rien été.

Comment l'expliquer ? Les circonstances y sont pour beaucoup. Lors des deux dernières années du quinquennat, le débat public a été mis en sourdine, en raison du Covid, et les deux derniers mois de la campagne ont été écrasés par la guerre en Ukraine.

Il était difficile dans ce contexte de faire entendre une voix de gauche, appelant à des réformes puissantes et de long terme pour changer l'ordonnancement de la société, alors que les Français, saisis par l'effroi, ne demandaient que de la protection à court terme.

Cependant le contexte n'explique pas tout. Et il est probable que même en l'absence de crise sanitaire et de crise diplomatique, la gauche aurait tout de même été éliminée au premier tour de l'élection présidentielle, pour des raisons structurelles.

Si l'on est en droit de penser que les causes de cette nouvelle élimination sont profondes – elles viennent de loin et j'y reviendrai tout au long de ce livre –, il existe aussi des explications de court terme et en ce sens les stratégies électorales choisies par les candidats de gauche ont joué un rôle non négligeable, à commencer par leur désunion.

Il est facile de refaire le match quand on connaît les résultats, mais, compte tenu de la faiblesse de l'écart au premier tour entre Marine Le Pen et Jean-Luc Mélenchon, il apparaît que ce dernier aurait pu se qualifier si Fabien Roussel, Yannick Jadot et Anne Hidalgo, ou au moins l'un d'entre eux, avaient retiré leur candidature pour se rallier à lui.

Cela aurait pu être le cas. Des discussions entre dirigeants de partis ont en effet eu lieu dans cette optique à la fin du printemps 2021, à l'initiative notamment de Yannick Jadot, qui n'ont jamais abouti. Les citoyens réunis au sein du comité d'organisation de la primaire populaire ont fait montre de la même volonté fédératrice, mais, malgré un vrai succès auprès du peuple de gauche – ils sont parvenus à réunir plusieurs centaines de milliers de votants –, la plupart des candidats déjà en lice ont annoncé ne pas vouloir respecter son verdict et la primaire a donc bien malgré elle débouché sur une candidature de plus, celle de Christiane Taubira, contribuant ainsi à affaiblir un peu plus la gauche.

Cela faisait longtemps que Christiane Taubira songeait à être candidate. Elle l'avait déjà été en 2002, recueillant 2,32 % des voix, pour le plus grand malheur de Lionel Jospin, qui la juge encore aujourd'hui responsable de son élimination au premier tour. Pendant le quinquennat de François Hollande, je dois dire que j'ai pu observer sa loyauté au Président. Si elle usait ses directeurs de cabinet, qui finissaient toujours par démissionner, et semblait parfois plus intéressée par son image que par l'action, elle faisait le job et avait été brillante pour défendre le mariage pour tous. Pendant les attentats, elle avait pleinement soutenu le Président, ne disant rien sur la déchéance de nationalité, ne bronchant pas quand la mesure fut présentée en Conseil des ministres, avant qu'une partie de la gauche en fasse un chiffon rouge et qu'elle se décide finalement à démissionner.

Pendant cinq ans, elle a préparé un retour, faisant discrètement monter le désir. J'avais d'ailleurs été contacté par un groupe de jeunes soutiens qui voulaient lancer un appel pour elle sur les réseaux sociaux, en 2021, et cherchaient des conseils sur la communication numérique à mettre en œuvre. J'avais décliné, la future candidate étant selon moi trop velléitaire et pas assez préparée à affronter une campagne. Elle a d'ailleurs bien fait de vite renoncer, enterrant avec elle la malheureuse primaire populaire.

Mais quoi qu'il en soit, les obstacles à l'union étaient trop importants pour qu'elle puisse fonctionner lors de la présidentielle. Il y avait de vraies divergences programmatiques entre les candidats, notamment en matière de diplomatie (qui sont apparues au grand jour au moment du conflit en Ukraine), ou sur la question de l'Union européenne et du nucléaire. Il y avait surtout d'importantes rivalités de personnes, aucun candidat ne souhaitant s'effacer derrière les autres. Il y avait enfin une trop grande concurrence entre les partis politiques, chacun voulant utiliser la présidentielle pour être identifié et peser. Tous ces éléments ont été mis temporairement de côté pendant la campagne des législatives, avec la création de la Nouvelle Union populaire écologique et sociale, alliance électorale purement tactique mais sans épaisseur idéologique, son programme consistant en un catalogue de six cent cinquante propositions – dont certaines très démagogiques et irréalistes, comme le blocage des prix ou la retraite à 60 ans – et assumant trente-trois désaccords de fond, rendant par là impossible la constitution d'une majorité pour le pays.

Dans ce grand capharnaüm, c'est Jean-Luc Mélenchon qui a le mieux tiré son épingle du jeu, de loin. Il s'est lancé près de deux ans avant l'échéance, n'a jamais dévié de sa route ni semblé douter, alors même qu'il était à la peine dans les sondages, que son image était très abîmée par ses saillies contre les policiers – « La République c'est moi » – et que son parti enchaînait les revers aux élections intermédiaires, locales comme européennes.

Il a finalement obtenu 7,7 millions de voix – c'est plus de 600 000 voix de plus que cinq ans auparavant –, soit 21,95 % des suffrages exprimés, et il s'en est fallu de peu qu'il ne se qualifie au second tour. Lors des législatives, il a pris le leadership, appelant habilement les Français à « l'élire Premier ministre », mobilisant l'attention médiatique et ne laissant que des miettes à ses partenaires de la Nupes.

Au risque d'apparaître prétentieux, j'avais l'intuition qu'il réussirait la séquence électorale de 2022. J'avais même parié qu'il serait au second tour de la présidentielle, au sein de la rédaction de France Info à laquelle je suis associé via mes chroniques régulières sur la communication politique et ma participation aux *Informés*, le mardi soir. Les journalistes me riaient au nez. Pour eux, la messe était dite. Jean-Luc Mélenchon avait connu son heure de gloire en 2017, mais il ne pourrait pas faire le coup deux fois. Il avait trop perdu en crédibilité, il n'avait rien de nouveau à proposer et, à gauche, l'époque était plus à l'écologie qu'à l'insoumission.

J'avais le sentiment inverse. Sur le plan personnel, il est expérimenté, ce qui lui donne le sens du temps et une force de tranquillité face à l'agitation médiatique et politique. Il sait attendre son heure et l'a bien montré en ne s'énervant pas quand il était bas dans les sondages, ni quand les médias n'en avaient que pour Anne Hidalgo puis Sandrine Rousseau, Yannick Jadot et enfin Christiane Taubira. C'est par ailleurs le meilleur orateur actuel dans le champ politique. Il est cultivé, sait choisir ses mots et parfaitement moduler sa voix selon les circonstances. Il sonne juste quand il parle, que ce soit à la tribune d'un meeting ou à la télévision, et il a l'air sincère et passionné, quand la plupart des autres personnalités politiques semblent jouer un rôle, comme chacun a pu par exemple le constater en observant Valérie Pécresse lors de son discours catastrophique de lancement de campagne.

Sur le plan politique, il avait comme handicap d'être positionné à l'extrême gauche, ce qui ne facilite pas le rassemblement, mais avait d'autres atouts dans sa manche et il a su faire évoluer sa stratégie.

Son premier atout était d'avoir un programme stable et cohérent, quasiment identique à celui qu'il avait présenté lors des élections de 2012 et 2017, qu'il maîtrisait donc parfaitement, connu de ses militants et du cœur de sa base électorale.

Son deuxième atout était de pouvoir compter sur une équipe à la fois jeune et expérimentée. Il y avait d'abord des figures hautes en couleur, comme François Ruffin, le journaliste militant passé par le même collège jésuite qu'Emmanuel Macron, Éric Coquerel, devenu président de la commission des finances de l'Assemblée nationale, et les compagnons de route de longue date, comme Clémentine Autain et Alexis Corbière, tous les deux députés de Seine-Saint-Denis, que j'avais connus sur les bancs du Conseil de Paris, très cultivés, aussi sympathiques et chaleureux amicalement que durs idéologiquement et impitoyables politiquement, ou Bernard Pignerol, en charge de la coordination des groupes d'experts.

J'ai connu Bernard alors qu'il était directeur des relations internationales de la Ville de Paris. Grand et bel homme au regard noir, toujours la clope au bec, presque dandy, il avait été un des fondateurs de SOS Racisme, dirigeant du courant du PS la Gauche socialiste, avant de passer l'ENA et d'entrer au Conseil d'État. Il avait alors oscillé entre son amitié avec Jean-Luc Mélenchon, dont il avait été conseiller spécial au ministère de l'Enseignement professionnel à la fin du gouvernement de Lionel Jospin, et sa fidélité au PS, dont il avait présidé la commission des conflits, avant de claquer la porte pour basculer définitivement du côté des Insoumis.

Je le croise quelques semaines avant le premier tour de l'élection présidentielle, lors d'un raout des anciens collaborateurs de Bertrand Delanoë. Il me dit avec le détachement de celui qui sait qu'il a bien préparé son coup avec ses amis : « L'avantage qu'on a, c'est qu'on sait faire des campagnes. En face, personne ne sait en faire. Nous, c'est notre troisième. On a des réflexes. Ça va vite. Et les jeunes sont très bons. »

Difficile de le démentir, notamment sur ce dernier point. Jean-Luc Mélenchon s'est entouré d'une jeune garde assez redoutable, qui s'est installée pour longtemps. Mathilde Panot est la plus affûtée politiquement. « C'est elle qui prendra le relais de Jean-Luc », dit-on en chœur chez les Insoumis que je fréquente. Adrien Quatennens, lui, est l'un des meilleurs hommes politiques dans les médias. Il a l'avantage d'avoir un nom et un physique immédiatement reconnaissables, ce qui compte beaucoup pour se faire remarquer, et il s'exprime parfaitement, avec des accents de sincérité qui le rendent assez vite convaincant. Quant à Manon Aubry, ancienne tête de liste des Insoumis aux européennes en 2019, elle a été mon étudiante en première année à Sciences Po, dans la même conférence d'institutions politiques que Raphaëlle Rémy-Leleu, conseillère écologiste de Paris. À l'époque, elle faisait preuve d'une grande maturité intellectuelle, connaissait déjà bien les règles du jeu politique et était clairement positionnée à la gauche de la gauche. Antoine Léaument a enfin fait des merveilles sur le plan de la stratégie numérique, venant compléter une communication bien rodée grâce au travail de longue date de Sophia Chikirou.

Au-delà de ces atouts, Jean-Luc Mélenchon a su faire évoluer sa stratégie pour tenir compte de la faiblesse de ses adversaires et de la configuration politique du premier tour de la présidentielle. En 2012, il avait mené une campagne très à gauche, aux côtés du Parti communiste, pour marquer sa différence avec François Hollande et le Parti socialiste. En 2017, il avait surfé sur la vague du populisme, en incarnant l'insoumission révolutionnaire. En 2022, il n'était plus question d'insoumission ni de populisme, mais d'union populaire, concept plus positif et surtout plus solidement ancré à gauche. En effet, alors qu'il s'était inscrit dans la volonté de dépassement des clivages lancée par Emmanuel Macron en 2017, tout comme Marine Le Pen, il a cette fois joué la carte du vote utile à gauche. Et cela a marché. De nombreux électeurs communistes, écologistes, socialistes et même macronistes ont voté pour lui, pour lui permettre d'être au second tour, à la place de Marine Le Pen. Ils ont failli y arriver. Dans les derniers jours de la campagne, j'avais l'impression que tous mes amis allaient voter Mélenchon, alors qu'ils n'ont jamais été d'extrême gauche depuis que je les connais.

Dans ce contexte, il ne restait que des miettes pour les candidats Philippe Poutou et Nathalie Arthaud, qui ont fait des scores microscopiques, ne réussissant pas à atteindre les résultats historiques d'Arlette Laguiller (5,72 %) et Olivier Besancenot (4,25 %) en 2002, ni à animer la campagne comme ils l'avaient fait en 2017. Philippe Poutou avait alors, rappelons-le, joué un rôle décisif en assassinant médiatiquement Marine Le Pen et François Fillon lors du second débat télévisé.

Pour sa part, Fabien Roussel a été une des attractions de la campagne à la fin de l'année 2021 et au début de l'année 2022. Physique d'acteur américain des années 1950, phrasé gouailleur, il a mis de côté l'étiquette communiste pour mener une campagne joyeuse, avec une affiche colorée, un slogan prometteur, « Les jours heureux », un bon sens de la formule – « le roussellement » – et un positionnement de gauche républicaine, pro-nucléaire et assez franchouillarde, avec comme point d'orgue sa défense de la bonne bouffe française. Pour l'anecdote, un très bon ami publicitaire, fin connaisseur des rouages du parti de la place du Colonel-Fabien, m'a proposé de donner un coup de main. J'ai accepté une rencontre avec l'équipe de campagne et si cela ne s'est pas fait, pour des raisons d'agenda, je dois dire que je le regrette, car j'aurais été heureux d'en savoir plus et d'observer cette campagne sympathique de l'intérieur – même si j'avais de vraies divergences de fond avec les propositions de Fabien Roussel et son positionnement trop étroit pour pouvoir se distinguer et rassembler.

Yannick Jadot quant à lui est vraiment passé à côté de sa campagne. Il avait tout pour la réussir, compte tenu de son expérience de militant associatif au sein de Greenpeace et de son bon score lors des dernières élections européennes, mais il n'a jamais réussi à créer de dynamique et, au bout du compte, a obtenu moins de 5 % des voix alors qu'on aurait raisonnablement pu l'imaginer à plus de 10 %.

Il faut dire qu'il a multiplié les erreurs, ne parvenant pas à trouver la bonne distance avec Sandrine Rousseau, qui avait suscité l'enthousiasme pendant la primaire écologiste. Elle avait perdu dans les urnes, mais gagné dans les têtes. Il aurait dès lors dû assumer totalement une campagne en binôme ou s'en séparer vraiment. Au lieu de cela, ils ont été dans un entre-deux, qui a généré de la confusion. Et que dire de la situation avec Christiane Taubira et Anne Hidalgo qu'il a laissée pourrir bien trop longtemps, installant des doutes sur sa propre candidature.

J'ai eu la chance de déjeuner avec lui, en 2019, quelques mois avant les européennes. Il était au plus bas dans les sondages, mais j'avais dit dans les médias que je voterais pour sa liste. Il m'avait alors fait l'impression d'un homme sympathique, déterminé, intelligent, mais je n'avais pas été très impressionné par sa vision de l'écologie, et je n'avais pas senti qu'il croyait qu'il pourrait un jour diriger le pays. En partageant des sushis dans un restaurant japonais du centre de Paris, je ne pouvais m'empêcher de me demander : « Est-il prêt à tous les sacrifices que demande une campagne présidentielle et, surtout, l'exercice du pouvoir au niveau national ? » Un très proche conseiller du Président avait son avis sur la question : il avait vu le leader écologiste après les européennes, pour le sonder sur ses intentions et le jauger politiquement, et il en était sorti avec la conviction que Yannick Jadot ne travaillait pas beaucoup et ne se préparait pas vraiment à une épreuve aussi exigeante qu'une campagne présidentielle.

Travailleur ou pas, Yannick Jadot a en tout cas souffert d'un problème de positionnement et d'image.

Je pense en effet qu'il n'y a que deux manières d'incarner l'écologie. Première manière, l'écologie colérique et radicale de Greta Thunberg, qui donne des leçons à la terre entière, avec de l'aplomb mais aussi des certitudes, compte tenu des alertes répétées du GIEC sur le réchauffement climatique. Deuxième manière, l'écologie joyeuse et positive de Daniel Cohn-Bendit, qui a toujours fait d'excellents scores aux élections européennes, l'ancien leader de Mai 68 se comportant comme une rock star, comme j'avais pu le constater en 1999 quand, venu faire campagne à Sciences Po où j'étudiais, il avait emporté la foule, une veste en cuir sur le dos, à coups de formules choc, de blagues et d'envolées lyriques. Yannick Jadot a choisi une troisième manière, l'écologie réformiste et tranquille, l'écologie « en même temps », presque centriste, en costume et cravate, qui le conduira sans doute un jour à récupérer un portefeuille ministériel, mais ne lui a pas permis de briller pendant cette présidentielle. Il n'était ainsi peut-être tout simplement pas le bon candidat pour incarner l'écologie en 2022.

Venons-en maintenant au cas d'Anne Hidalgo, candidate du Parti socialiste, porte-voix de la gauche de gouvernement sur laquelle je me concentrerai dans ce livre. Malgré sa détermination, la maire de Paris n'a obtenu que 616 478 voix, soit 1,74 % des suffrages. C'est plus de trois fois moins que Benoît Hamon en 2017, qui avait récolté 2 291 288 voix et 6,36 % des suffrages.

S'agissant d'elle, je ne prétends pas être objectif. Je la connais en effet depuis longtemps pour l'avoir côtoyée à l'Hôtel de Ville de 2008 à 2013. Par ailleurs, j'ai été candidat à la mairie de Paris en 2020 au sein d'une liste concurrente à la sienne.

À l'époque, je répétais souvent aux journalistes qui suivaient la campagne qu'elle n'avait pas vraiment envie de rester maire de Paris. Son véritable but était de devenir présidente de la République. Ils me répondaient que non, que la maire sortante avait juré la main sur le cœur qu'elle ne briguerait jamais la présidence. Je n'en croyais pas un mot, et ce depuis l'investiture d'Emmanuel Macron en mai 2017.

Nous étions le 14 mai 2017. La foule se massait dans les salons de l'Hôtel de Ville. Je m'en souviens comme si c'était hier.

Tout ce que Paris compte d'élus, de collaborateurs, de journalistes, d'intellectuels et de compagnons de route, de gauche comme de droite, se retrouve au premier étage, dans la salle des fêtes, copie de la galerie des Glaces de Versailles. Comme au château, les fenêtres s'y reflètent dans les miroirs et l'élite applaudit en voyant passer son nouveau roi.

Emmanuel Macron, la mine déjà sévère, marche lentement, le menton légèrement relevé, le regard droit, mais il ne parvient pas totalement à refréner le sourire de satisfaction qui se dessine au coin de ses lèvres. « Je suis bouleversé », m'avait-il dit entre deux portes, à l'Élysée, le 8 mai, alors qu'il effectuait une visite discrète à François Hollande pour régler les détails de leur passation de pouvoir. Aujourd'hui, c'est la jubilation qui semble l'emporter, quand il voit des centaines de mains se tendre vers lui pour le saluer, le toucher, le saisir.

Je me tiens à l'écart de la cohue, dans un coin. Comme il y a cinq ans, le jour de l'investiture de François Hollande, je suis spectateur de l'histoire qui se déroule devant mes yeux. Et elle se répète. Resté fidèle jusqu'au bout à François Hollande, j'ai refusé d'intégrer les équipes de campagne d'Emmanuel Macron quand cela m'a été proposé. J'avais fait le serment de rester jusqu'au bout près du président sortant, de ne pas l'abandonner alors qu'il avait décidé de ne pas se représenter à l'élection présidentielle. J'ai été à ses côtés jusqu'à la dernière seconde, de la dernière minute, de la dernière heure, du dernier jour.

Quelques heures plus tôt, j'ai donc quitté l'Élysée, sans regret, soulagé de pouvoir enfin reprendre le contrôle de ma vie et de jouir de ma liberté. Et après une courte sieste, je n'ai pas pu m'empêcher d'aller assister au sacre de mon ami Emmanuel. Pourquoi ? Sans doute pour constater que ce n'était pas un rêve ou une chimère, pour vérifier que oui, les Français avaient décidé d'élire un jeune homme de quarante ans à la présidence de la République et qu'il s'agissait bien de mon ancien camarade de classe de l'ENA, l'étudiant à la chevelure blonde en pagaille et aux dents du bonheur, dont j'avais fait la connaissance en 2001.

C'est bien lui qui traverse la salle richement décorée de feuilles d'or, de lustres en cristal de Baccarat et de peintures majestueuses représentant l'histoire de la danse et de la musique à travers les âges. Après de longues minutes, il en termine avec sa lente procession et monte s'installer sur la scène où un trône a été prévu pour lui, comme le veut la tradition. Heureusement que les mots « liberté, égalité, fraternité » sont inscrits en lettres d'or dans des cartouches séparant les peintures du plafond...

Pendant qu'il s'assied, Anne Hidalgo se dirige vers le pupitre et s'apprête à prendre la parole. Que va-t-elle bien pouvoir raconter ? L'éloquence n'a jamais été son fort, mais elle a du sens politique et ses discours sont préparés avec le concours de François Esperet, sa plume, mon ami, ancien complice du cabinet de Bertrand Delanoë.

« Nous le savons, l'histoire de Paris est indissociable de celle de l'État et de la République », entame la maire de Paris de façon consensuelle avant d'enchaîner sur quelques considérations générales au sujet de l'histoire de Paris et l'écologie.

Alors que je commence à trouver le temps long et que j'ai épuisé le charme de l'analyse de la peinture centrale du plafond, où Benjamin-Constant a représenté Paris conviant le monde à une fête, mon oreille est saisie par un brusque changement de ton d'Hidalgo. Sa voix se fait plus piquante, son débit plus rapide, son regard plus noir quand elle évoque les « gagnants et les perdants de la mondialisation » qui coexistent à Paris, avant de conclure, martiale : « Monsieur le président de la République, vous l'avez compris, je suis une décentralisatrice. Je considère que la République ne s'affaiblit pas en donnant aux collectivités la liberté et les moyens d'agir, bien au contraire. Paris sera libre et attachée à avoir les moyens qui lui permettent de tenir démocratiquement les engagements pris face aux Parisiens. »

Étrange interpellation, en ce jour de concorde républicaine, où la tradition et la courtoisie ont toujours voulu que le maire de Paris soit le plus constructif et positif possible avec le président de la République nouvellement élu. C'est ce qu'avaient toujours fait Chirac avec Mitterrand ou Delanoë avec Sarkozy, alors qu'on ne pouvait soupçonner ni l'un ni l'autre de partager les vues et les idées du nouveau président.

À ma grande surprise, Anne Hidalgo choisit le rapport de force, le clivage, alors que le pays a pourtant besoin d'apaisement après une campagne présidentielle traumatisante, marquée par les affaires, la violence des attaques entre les candidats et, une nouvelle fois, la présence de l'extrême droite au second tour de l'élection.

Je reste circonspect devant sa réaction. Qui est-elle au fond ? James Bond ou le Docteur No ? Duquel des deux personnages est-elle la plus proche ? C'était bien ce que je m'étais demandé en la rencontrant pour la première fois dans son immense bureau de première adjointe au maire de Paris, en mai 2008.

Sourire éclatant, regard de velours, voix grave et assurée, Anne Hidalgo recevait Christophe Girard, adjoint au maire de Paris chargé de la culture, dont je venais de devenir directeur de cabinet, pour un entretien de routine de début de mandat.

Dorénavant en charge de l'architecture et de l'urbanisme, elle passait en revue les grands projets relevant de sa délégation pour les six prochaines années, notamment la tour Triangle, dans le sud du 15e arrondissement, et l'aménagement du Forum des Halles. Mais la discussion avait très vite dérivé. Elle se préparait déjà à devenir maire de Paris. Quand ? En 2014 au plus tard, Bertrand Delanoë ayant pris l'engagement de ne pas être candidat à un nouveau mandat. Mais cela pouvait être avant si celui-ci embrassait un destin national avant la fin de son mandat.

J'avais été saisi par sa détermination tranquille. Elle ne doutait pas un instant de sa capacité à être choisie par les siens pour prendre la suite de Bertrand Delanoë puis à être élue par les Parisiens. Elle avait un plan : faire la preuve de sa compétence sur les dossiers techniques, rassembler les socialistes et, surtout, témoigner de sa loyauté sans limite au maire de Paris, à qui elle devait tout.

Pendant cinq ans à l'Hôtel de Ville, j'ai alors pu observer ce plan se dérouler presque sans aucun accroc. En réunion, elle se tenait à gauche de Bertrand Delanoë, ne disant quasiment rien. De temps en temps, il lui donnait la parole, d'un « Anne, tu as quelque chose à ajouter ? ». Elle glissait un mot ou deux et retournait se ranger derrière l'autorité du maire, qui maîtrisait d'une main de fer sa majorité au Conseil de Paris. Sans rechigner, elle prenait son relais quand il décidait de quitter les interminables comptes rendus de mandat dans les arrondissements ou les déjeuners de presse organisés le premier jour du Conseil.

Je me suis souvent demandé comment elle faisait pour tenir ainsi, sous l'ombre écrasante du maître, sans tenir compte des railleries des uns et des autres, des stratégies de certains pour lui ravir sa place de dauphine officielle. Rien ne semblait jamais avoir prise sur elle. Un jour, entre deux portes, alors que je devais sembler agacé, elle me confia, dans un sourire : « Tu sais, tu devrais faire comme moi. Tous les matins, je me lève en me disant que tout le monde m'aime. Je ne sais pas si c'est vrai, mais ça m'aide à ne pas me poser de questions. »

Je ne l'ai vue chanceler que deux fois. La première, à l'automne 2011, quand Cécile Duflot, la leader des écologistes, a été désignée pour être candidate aux législatives dans le 11ᵉ arrondissement. « Menteuse », « T'as pas intérêt à ce que je te recroise un jour » : rue de Solférino, dans le cadre d'une réunion dantesque, elle avait alors traité de tous les noms Martine Aubry, à l'origine de ce parachutage, lui reprochant une mauvaise manière politique car Duflot pouvait s'avérer une rivale pour 2014, et surtout une trahison personnelle, Hidalgo ayant toujours soutenu Aubry et celle-ci ayant comme directeur de cabinet Jean-Marc Germain, son propre mari.

La seconde fois, c'était en mai 2012, quand Delanoë a refusé de rejoindre le gouvernement de

François Hollande et de lui laisser ainsi la place de maire de Paris, deux ans avant l'élection. Il n'avait pas refusé pour lui compliquer la tâche, mais elle avait dû le ressentir ainsi. Elle avait boudé plusieurs semaines, puis, en septembre, contre l'avis de Delanoë, avait décidé de lancer officiellement sa campagne, à dix-huit mois de l'échéance, prouvant ainsi son caractère et sa détermination.

Une fois parti de l'Hôtel de Ville, au début de l'année 2013, j'ai suivi de plus loin la vie municipale. De temps en temps, les journalistes me demandaient ce que je pensais d'Anne Hidalgo. Ils la sous-estimaient, la jugeant incapable de prendre la suite de Bertrand Delanoë et de battre Nathalie Kosciusko-Morizet, la candidate de la droite, plus jeune, plus connue, plus moderne, plus dynamique. Je les détrompais. Certes, je n'avais jamais été impressionné politiquement par Anne Hidalgo et ne considérais pas qu'elle avait une vision novatrice pour sa ville, mais je connaissais son incroyable résilience, son caractère en acier trempé et sa volonté sans faille d'aller jusqu'au bout.

C'est pourquoi je n'ai pas été surpris de sa victoire en 2014. Je n'ai pas participé à sa campagne, trop occupé à faire le tour du monde avec Laurent Fabius, pour qui je travaillais depuis plus d'un an au Quai d'Orsay. Je n'en avais que de lointains échos. Le combat était serré entre NKM et Hidalgo. Dans la dernière ligne droite, Bertrand Delanoë dut mouiller la chemise, en multipliant les meetings et prises de parole pour donner un dernier coup de pouce à son héritière.

Le soir du second tour, je m'étais glissé dans les coulisses de l'Hôtel de Ville, histoire de retrouver mes anciens camarades, restés dans les équipes de Delanoë jusqu'au bout pour la plupart d'entre eux. Peu après l'annonce des résultats, j'avais vu Anne Hidalgo, tout sourire, rejoindre Bertrand Delanoë dans son gigantesque bureau de l'Hôtel de Ville, rempli de collaborateurs, et l'embrasser chaleureusement, sous le crépitement des flashs. Elle rayonnait, comme transfigurée par son succès ; elle semblait avoir vingt ans. Elle n'avait pas la morgue de la victoire qu'ont certains. Elle était tout simplement heureuse, libérée.

Je n'avais alors plus vraiment de raison de la voir ou de la croiser, en dehors des cérémonies officielles auxquelles elle devait assister pour des raisons protocolaires. De là où j'étais, tout me semblait aller pour le mieux et les échos dont je disposais par Mathias Vicherat, son directeur de cabinet, ou François Esperet, son conseiller spécial, me rassuraient totalement. Elle entrait progressivement dans la fonction, sans rupture manifeste avec Bertrand Delanoë, qui avait fait le choix de conserver un bureau de passage non loin de l'Hôtel de Ville, à l'hôtel d'Albret.

Jouissant de sa liberté, Bertrand Delanoë prenait le temps de déjeuner régulièrement avec ses anciens collaborateurs, mais veillait à ne faire aucune observation sur l'action de celle qui lui avait succédé, la laissant prendre ses marques, puis son envol.

Quand les attentats ont frappé Paris, en janvier et novembre 2015, Anne Hidalgo a été irréprochable, jouant parfaitement son rôle de première magistrate de la ville, et se tenant aux côtés du Président et du gouvernement, ne cherchant jamais à polémiquer.

En août 2016, à l'arrière d'un bus nous conduisant sur le site des Jeux olympiques de Rio de Janeiro, tout semblait aller pour le mieux dans le meilleur des mondes. Détendue, drôle, souriante, elle plaisantait avec tout le monde, sans chercher à se mettre en avant, laissant la vedette à François Hollande, chargé de faire du lobbying pour la candidature de Paris au Jeux de 2024, dont elle ne voulait pas au départ mais qu'elle avait fini par soutenir. À Rio, comme à Paris, je ne voyais aucun nuage dans le ciel.

Mais alors, pourquoi donc cet énervement contre Emmanuel Macron le jour de son investiture ? Qu'avait-il bien pu se passer ?

En y réfléchissant, plusieurs épisodes me reviennent en mémoire. La loi Macron d'abord. En 2014 et en 2015, Anne Hidalgo avait fait partie des opposants à l'extension de l'ouverture des commerces le dimanche, jugeant cette mesure antisociale et destructrice pour le petit commerce. Elle en avait fait beaucoup sur ce thème, n'hésitant pas à parler de trahison des idéaux de la gauche, ne montrant pas un grand sens de la nuance et de la mesure dans l'argumentation.

En mai 2016, alors qu'elle inaugurait la piétonnisation dominicale de l'avenue des Champs-Élysées, un journaliste l'avait interrogée sur l'ascension du futur président, qui venait de créer En marche et semblait se préparer à être candidat en 2017. Elle avait alors répondu, dans un grand élan de vulgarité : « Les itinéraires des uns et des autres, les petites phrases, tout ça, je vais vous dire, je n'en ai rien à battre. »

J'avais trouvé cette réponse inouïe, mais je l'avais mise sur le compte de la fatigue ou de l'agacement habituel d'un élu lassé de répondre à des questions d'actualité sur des thèmes n'ayant rien à voir avec l'objet de son déplacement du jour. Avec le recul, on peut se demander si cela ne signifiait pas quelque chose de plus profond.

Anne Hidalgo ne verrait-elle pas dans Emmanuel Macron le fossoyeur d'une gauche classique à laquelle elle tient par-dessus tout, elle qui, après avoir soutenu Aubry, puis les frondeurs, opta pour Peillon à la primaire socialiste et Hamon à la présidentielle ? Pour preuve, l'interview surréaliste qu'elle donna au début de l'année 2017, dans laquelle elle renvoyait dos à dos Hollande, Valls et Macron, en les jugeant responsables « de l'immense gâchis » du quinquennat qui se terminait.

Les mois ont passé. Anne Hidalgo n'a cessé de laisser entendre à ses proches qu'elle se verrait bien être la première femme à l'Élysée après avoir été la première maire de Paris. Si elle a mis ses ambitions en sourdine quelques mois, le temps de la campagne municipale, elle est ensuite repartie férocement à l'assaut une fois réélue.

Elle a commencé par faire mine de susciter un appel des maires, pour faire croire que le peuple socialiste la désirait, mais personne n'a été dupe. En tout cas pas moi. Elle a par la suite bénéficié de la complicité active d'Olivier Faure pour ne pas avoir à affronter un débat interne contre les autres prétendants à l'investiture du PS, Jean-Christophe Cambadélis et Stéphane Le Foll.

Olivier Faure a décidé de la soutenir pour conserver son poste de premier secrétaire lors du congrès du PS prévu en septembre 2021. Pas surprenant de la part de cet homme à deux faces, à la fois bon camarade, ouvert et sympathique, et terrible manœuvrier. Il a misé sur Anne Hidalgo, sans doute sans trop y croire, mais elle constituait le plus petit dénominateur commun.

Au lieu de la conforter, cette absence de débat interne a profondément affaibli Hidalgo, qui n'a pas pu bénéficier de la dynamique militante et médiatique nécessaire à une bonne candidature, ni de la clarification idéologique et programmatique qu'aurait permise une primaire, ouverte ou fermée. Personne ne s'est intéressé à sa désignation, qui s'est faite en catimini, contrairement à ce qui s'était par exemple passé en 2007, quand Ségolène Royal avait crevé l'écran, et en 2012, quand François Hollande avait su créer la surprise en se montrant plus solide et crédible que ses adversaires, et en s'imposant comme la meilleure option pour battre Nicolas Sarkozy.

Dès lors, sa campagne ne pouvait être que catastrophique. Et elle l'a été, de bout en bout. Hidalgo n'était à l'évidence pas préparée sur le fond ni sur la forme, et malgré sa force mentale exceptionnelle, cela s'est vite vu. Il n'a pas fallu longtemps pour qu'elle se prenne magistralement les pieds dans le tapis, à propos d'une proposition sur l'augmentation de la rémunération des enseignants, qui n'était pas mauvaise sur le fond, mais qu'elle n'a pas su justifier, et qu'elle a vite abandonnée, donnant le sentiment d'improviser.

Sur la forme, elle a multiplié les gaffes et les moments clownesques, faisant la joie des internautes, notamment quand elle enregistra une vidéo dans laquelle elle se plaignait de l'existence d'automates pour prendre ses billets sur les quais des gares.

Face à ces cafouillages de plus en plus problématiques, une autre aurait peut-être eu la clairvoyance nécessaire pour éviter le pire. Rien ne l'obligeait à aller jusqu'au bout. Elle a d'ailleurs eu de nombreuses fois l'occasion de retirer sa candidature. J'ai même cru qu'elle allait le faire en décembre, quand, alors déjà très à la peine dans les sondages, elle a décidé de descendre d'un train pour revenir à Paris et s'inviter au 20 heures de TF1. Elle a finalement renoncé à renoncer, livrant un discours confus sur la nécessité d'un rassemblement dont elle savait déjà qu'il n'interviendrait pas. Elle aurait également pu renoncer quand Christiane Taubira a été choisie par la primaire populaire, puis enfin quand celle-ci a abandonné.

Mais elle a fait le choix de maintenir sa candidature envers et contre tout. Saluons son courage. On peut tout de même s'interroger sur sa lucidité. Anne Hidalgo n'a en effet pas semblé se rendre compte qu'elle ferait un score historiquement faible, préférant remettre en cause les sondages, qui, pourtant, la concernant, ne se sont pas du tout trompés. À quelques mois de l'échéance, un de ses adjoints me disait, sûr de lui : « Les sondages racontent n'importe quoi, elle va faire 10 %. » Le même, à quelques semaines du premier tour, affirmait encore : « Les sondages se trompent, elle va bien entendu faire plus de 5 %. » Finalement, elle a bien fait moins de 2 %.

Étrangement, au soir du premier tour, elle ne semblait pas affectée par le résultat, comme si elle n'y était pour rien. « Elle ne se sent pas du tout responsable. Elle pense que c'est au contraire elle qui a le mérite de s'être sacrifiée pour le PS et que ce sont les autres, à commencer par Olivier Faure et François Hollande, mais aussi Emmanuel Macron lui-même, qui lui ont mis des bâtons dans les roues », me confiait un cadre de l'Hôtel de Ville au lendemain de la défaite. Sidérant.

Anne Hidalgo n'était de toute évidence pas la bonne candidate pour le PS, mais elle n'est pas la seule responsable de cette cuisante défaite. Cet effondrement a été le révélateur des faillites d'un parti qui s'est endormi trop longtemps sur ses lauriers électoraux, oubliant de renouveler ses cadres, ses façons de militer, et surtout de produire des idées. Un parti sans boussole idéologique, qui ne sait plus vraiment où il habite, coincé entre le réformisme d'Emmanuel Macron et la radicalité des écologistes et des Insoumis.

Cela vient de loin, et c'est justement l'objet de la suite de ce livre.

La maladie bureaucratique du PS

Après avoir atteint 6,36 % des voix en 2017, avec Benoît Hamon, le Parti socialiste a donc plafonné à 1,7 % en 2022. En 2017, le PS avait réussi à faire élire une trentaine de députés. En 2022, ils ne sont plus qu'une grosse vingtaine à avoir été élus, loin derrière La France insoumise, dont le groupe compte presque quatre fois plus de membres et monopolise l'attention. Dans l'intervalle, le parti s'est bercé d'illusions, en se persuadant que les victoires remportées lors des élections municipales, départementales et régionales étaient les signes de sa force retrouvée.

Mais cette vénérable institution ne joue clairement plus son rôle de machine électorale. Si elle permet encore le financement des campagnes, l'organisation de meetings, la confection de tracts et d'affiches, elle fait preuve d'assez peu d'audace dans la sélection de ses candidats, donnant une large place aux sortants quand il faudrait faire émerger une nouvelle génération, avec une majorité de trentenaires.

La direction du PS s'est ainsi recroquevillée sur elle-même, à Paris comme dans les fédérations, donnant le sentiment de ne pas vouloir donner leur chance aux nouvelles figures, et ne parvenant pas à se connecter aux mobilisations de la jeunesse, notamment sur le pouvoir d'achat (Gilets jaunes), le climat (mouvement des lycéens initié par Greta Thunberg) ou le féminisme (#MeToo notamment).

Ce repli sur soi n'est pas nouveau. J'ai moi-même pu l'expérimenter en adhérant au PS il y a plus de vingt ans.

Bienvenue chez les apparatchiks !

Je l'ai dit, j'avais toujours été réticent à l'engagement militant, mais, en 2002, je croyais naïvement que la claque reçue le 21 avril allait conduire à un profond changement des pratiques.

J'ai d'abord pensé adhérer dans le 15e arrondissement, où j'avais vécu toute ma vie, mais j'ai vite renoncé : il y avait plusieurs sections, je ne savais pas à laquelle me rattacher, et je ne vivais plus dans l'arrondissement depuis mon admission à l'ENA. J'ai donc finalement opté pour le 11e arrondissement, où je devais m'installer, rue Jean-Pierre-Timbaud, avec ma compagne de l'époque.

Après quelques recherches sur Internet, je suis tombé sur le nom du secrétaire de section, François Vauglin, et du trésorier, Michel Puzelat. Le premier, qui était directeur de cabinet d'une adjointe au maire de Paris, Marie-Pierre de La Gontrie, ne m'a pas répondu. Le second, professeur d'histoire-géographie, m'a immédiatement rappelé.

« J'ai eu ton message – pardonne-moi de te tutoyer, c'est la coutume entre camarades socialistes –, nous serions ravis de t'accueillir, je vais t'expliquer la procédure », m'a dit Michel, la voix joyeuse et entraînante, avant de me détailler le processus. Il fallait d'abord se rendre dans un café pour une réunion avec l'équipe de la section et quelques élus, puis, dans un second temps, se présenter à une réunion de l'assemblée générale de la section pour être coopté par l'ensemble des adhérents présents.

Quelques semaines plus tard, en octobre, je me retrouvai donc dans l'arrière-salle d'un petit café du 11e, en compagnie de Michel Puzelat, toujours aussi sympathique, de François Vauglin, tout sourire, et des deux députés de l'arrondissement, Patrick Bloche et Danièle Hoffman-Rispal.

Le premier, mèche bien peignée sur le côté, pipe à la bouche, costume bleu nuit cintré, était le vrai boss. Ancien secrétaire de la section, patron de la fédération PS de Paris, président du groupe socialiste au Conseil de Paris, c'était l'apparatchik en chef, avec des airs de directeur commercial d'une entreprise de taille intermédiaire.

La seconde, clope au bec, moue dédaigneuse, voix brisée par le tabac, parlait avec une gouaille sortie d'un film des années 1950. Une vraie Titi parisienne, qui s'était faite toute seule. Elle avait grandi dans le Sentier avant de devenir vendeuse puis comptable dans un atelier de fabrication de chapeaux du centre de Paris.

L'un comme l'autre avaient gravi un à un les échelons du PS, en y militant jeunes, à une période où la droite avait tous les pouvoirs. Il fallait être fou pour être socialiste à Paris à cette époque. Personne ne pensait que la gauche pourrait un jour gagner la ville. Ils avaient cependant réussi, après vingt-quatre ans de combats contre la droite et de militantisme auprès des Parisiens.

Ils avaient enfin le pouvoir à l'Hôtel de Ville, mais ce jour-là, ils n'étaient pas à la fête. Depuis quelques jours, Bertrand Delanoë était à l'hôpital après avoir échappé de peu à une tentative d'assassinat pendant la première Nuit blanche. C'est Anne Hidalgo, la première adjointe, qui assurait l'intérim, avec le soutien de tous.

Nous avions beaucoup parlé de ce sujet, après nous être présentés. J'avais attendu mon tour et pris la parole dans les derniers, après une dizaine de personnes, expliquant pourquoi je pensais que c'était le bon moment pour adhérer, afin de permettre à la gauche de reprendre le pouvoir au niveau national.

Quelques jours plus tard, je me suis rendu à l'Ageca, une obscure salle associative éclairée au néon vert, dans le nord de l'arrondissement, pour la fameuse AG qui devait me coopter. Une centaine d'adhérents étaient présents, sur les mille que comptait alors la section, une des plus grandes de France à l'époque. Après un mot d'introduction prononcé d'une voix calme et douce, François Vauglin a invité une dizaine de personnes à se présenter. Nous avons tous été admis.

Dès la sortie de la réunion, un militant est venu m'aborder : « Tu sais qu'il y a un congrès dans quelques semaines, tu es de quel courant, toi ? » Je ne savais absolument pas de quoi il me parlait. J'allais vite comprendre.

Nouvel adhérent au Parti socialiste, j'ai suivi de loin mon premier congrès. Non seulement je n'étais pas à Paris, mais en stage à Grenoble puis en scolarité à l'ENA, à Strasbourg, éloigné de ma section du 11e arrondissement, mais surtout, je n'y comprenais rien.

Des motions portant des lettres de l'alphabet s'affrontaient. La motion A était celle de François Hollande, premier secrétaire depuis 1997, qui avait ramassé le drapeau du parti à terre depuis la déroute de 2002. La motion B portait le joli nom d'Utopia, mais ne comptait aucun poids lourd du parti. La motion C avait de l'allure. Son nom – Nouveau Parti socialiste (NPS) – constituait une belle promesse, et le casting faisait envie, avec une bande de quadragénaires pimpants dont je découvrais l'existence. Ils s'appelaient Benoît Hamon, Arnaud Montebourg et Vincent Peillon, qui était le chef. La motion D faisait aussi rêver par son nom – Nouveau Monde –, avait un ancrage plus à gauche et avait pour leader le rocailleux et broussailleux Henri Emmanuelli, et comptait aussi dans ses rangs le volcanique Jean-Luc Mélenchon.

Les journalistes analysaient cela avec délectation. Je découvrais une nouvelle discipline scientifique, la solférinorologie, science de la tectonique des plaques entre les motions et de la mécanique des fluides entre les courants. Les spécialistes n'avaient d'yeux que pour les beaux nouveaux du NPS, ou les radicaux de Nouveau Monde. François Hollande était déjà traité de mou, de ringard sans charisme, mais on admirait son habileté à se mettre au centre du jeu et à rallier à lui les ténors du parti, de Martine Aubry, nouvelle maire de Lille, à Dominique Strauss-Kahn, sorti du scandale de la MNEF et député-maire de Sarcelles, en passant par Laurent Fabius.

On appelait ces ténors « les éléphants », mais ceux-ci faisaient plus penser à la mauvaise troupe du *Livre de la jungle* de Disney qu'aux beaux pachydermes des *Racines du ciel* de Gary. Autour d'eux gravitait une galaxie de barons locaux, avec en premier lieu François Rebsamen, le maire de Dijon, mais aussi des figures comme Daniel Percheron du Pas-de-Calais ou Jean-Noël Guérini de Marseille.

On parlait peu de fond. On s'interrogeait sur l'identité socialiste, ce que voulait dire être social-démocrate en 2003, mais il n'y avait pas de controverses idéologiques véritables, sauf peut-être sur l'opportunité de contrôler le rôle de la Banque centrale européenne et de mettre en place une taxe sur les transactions financières internationales – appelée alors « taxe Tobin », qui était l'idée de gauche à la mode, portée notamment par l'association Attac.

Au final, j'ai voté pour Nouveau Monde, sans doute parce que je trouvais que ce courant était le plus radical sur le fond. Mais je l'ai fait sans entrain, et ma motion a fait un modeste 16,33 %, juste derrière celle du NPS qui atteignait 16,88 %, à grande distance de la motion de François Hollande qui l'emportait haut la main, avec 61,37 % des voix.

Je découvrais alors que la solférinorologie était une discipline où François Hollande gagnait toujours à la fin.

Et je n'étais pas le plus fort à ce sport de combat, loin de là. Je ne m'intéressais pas assez aux luttes de pouvoir internes pour exercer la moindre responsabilité au sein du parti. Je n'ai tenté ma chance qu'une fois, en 2008, après le congrès du PS qui avait conduit à l'élection de Martine Aubry comme première secrétaire, au grand dam de Bertrand Delanoë, favori pour l'emporter, mais qui s'était fait barrer la route par une armée d'apparatchiks.

Quelques semaines après le congrès, j'ai échoué à être élu membre de la commission administrative de la section du 11e arrondissement. On m'a expliqué que cela ne faisait « que » six ans que j'étais membre de la section et que je n'avais même pas trente ans. Je pouvais attendre. À l'évidence, je n'étais pas dans les petits papiers des animateurs de la section, ou alors je n'étais pas assez bon manœuvrier.

À la même époque, dans un autre registre et un autre territoire, Emmanuel Macron essuyait aussi une belle déconvenue avec l'appareil bureaucratique socialiste. Un jour de novembre 2008, je lui raconte ma mésaventure en riant de ma naïveté et lui demande s'il compte toujours s'engager au sein du PS.

« Oui, mais je prends mon temps », me répond-il. « Des socialistes du Pas-de-Calais ont évoqué l'idée que je sois candidat aux législatives puis aux municipales au Touquet. Cela ne s'est pas fait, car des petits barons locaux s'y sont opposés. Je n'ai pas insisté. Donc je vais faire autrement. »

Il m'explique ensuite sa stratégie, limpide : « Je vais d'abord assurer mon indépendance financière, pour ne pas dépendre de la politique. Ça fait quatre ans que je suis à l'Inspection des finances. J'ai fait le rapport Attali, il est temps que je parte. Je ne veux pas me retrouver dans un bureau de Bercy à beurrer les tartines. Je n'ai pas envie non plus d'être le chaouch d'un grand patron d'une boîte industrielle. Je vais donc devenir banquier d'affaires. Je vais faire une bascule financière, et quand j'aurai assuré ma sécurité de ce côté-là, je m'engagerai politiquement. »

À l'évidence, le PS n'était pas habile pour sélectionner les talents, et, pour l'anecdote, cinq ans après, quand le même Emmanuel Macron évoqua l'idée d'être candidat à la succession de Jean Glavany dans le Grand Tarbes, on lui répondit aussi au niveau local et à Solférino qu'il avait encore le temps. Finalement, quelques semaines plus tard, il était ministre, grâce à François Hollande et, trois ans après, il devenait président de la République.

Si le PS ne se distingue pas par sa capacité à faire émerger une nouvelle génération de leaders, il pâtit également d'un cruel vide idéologique. En fréquentant les réunions de section du PS, j'ai vite compris que ce n'était pas là que les programmes et les projets politiques se construisaient. Certes, il arrive que les partis organisent de grandes conventions thématiques. C'est ce que l'UMP et Nicolas Sarkozy avaient fait quand celui-ci avait pris la tête du parti de droite. Sous la férule d'Emmanuelle Mignon, ils avaient trouvé de bonnes idées, notamment sur le pouvoir d'achat, et bâti l'ossature du futur programme du candidat Sarkozy en 2007, même si celui-ci avait été aussi largement influencé par des électrons libres, comme Henri Guaino et Patrick Buisson.

Au PS, ce sont les congrès qui sont censés être des lieux de confrontations idéologiques, mais en réalité ils sont surtout le théâtre d'oppositions factices et une arène faite pour se jauger, évaluer les rapports de forces entre les différents courants. Entre deux congrès, François Hollande me confia un jour qu'un premier secrétaire n'avait pas le temps de lire, pris par l'exercice de ses mandats, la tournée des fédérations pour rencontrer les militants et les prises de parole dans les médias. L'époque a bien changé depuis François Mitterrand, qui lisait sans cesse et écrivait des livres denses, érudits et profonds, comme *La Paille et le Grain* ou *L'Abeille et l'Architecte*.

Les cadres du PS sont dans la même logique, pris par leurs mandats, obnubilés par la préparation des élections, européennes, nationales et locales, et les batailles pour les investitures. Résultat, la plupart du temps les idées nouvelles sont le fruit de la réflexion des candidats aux élections ou aux primaires, qui prennent le temps de construire des propositions et parfois même d'écrire, quand ils ne sont pas sortants. François Hollande m'avait ainsi raconté avoir utilisé à plein le temps retrouvé après son départ du premier secrétariat du PS, en 2008, pour réfléchir à son programme pour la présidentielle de 2012. Il avait beaucoup lu et échangé avec des experts, et s'était nourri de leurs notes, notamment celles produites par un groupe d'économistes cornaqués par Michel Sapin, dans lequel on retrouvait un certain Emmanuel Macron et Philippe Aghion. Il avait aussi recommencé à enseigner à Sciences Po, où il avait dispensé un cours d'économie politique en binôme avec Pierre Moscovici tout au long des années 1980. Cette fois, il était en charge d'une conférence de méthode, avec une vingtaine d'étudiants, consacrée à l'approfondissement du thème de la lutte contre les inégalités. « Ça m'a permis de réviser, de mettre à jour mes connaissances, et de tester certaines idées, notamment sur la fiscalité », me disait-il.

Si les candidats aux élections, locales ou nationales, créent ponctuellement une dynamique intellectuelle et constructive, en quinze ans au PS, j'ai surtout pu constater que les idées venaient la plupart du temps des think tanks.

Le bol d'air des think tanks

En vingt ans, j'ai fréquenté deux think tanks, À gauche en Europe et Terra Nova, et j'en ai suivi un de loin, la Fondation Jean-Jaurès, qui me semble aujourd'hui le plus solide et prometteur pour la suite.

Pendant quelques mois, en 2006, j'ai donc passé du temps rue de la Planche, où À gauche en Europe, think tank créé par Dominique Strauss-Kahn, avait ses bureaux.

Il avait dû quitter le gouvernement en 1999, à la suite du scandale de la MNEF, mais le non-lieu dont il avait bénéficié lui avait permis de faire son retour pendant la campagne de 2002. Il avait publié un livre remarqué, *La Flamme et la Cendre*, et avait développé une théorie intéressante sur la lutte contre les inégalités, qu'il fallait selon lui attaquer à la racine, via notamment l'éducation, et non a posteriori, via une politique de redistribution, dont il n'était pas visiblement pas fan.

Avec Jean-Christophe Cambadélis et Pierre Moscovici, ils avaient passé un deal et animaient un courant au sein du Parti socialiste, appelé « Socialisme et démocratie », qui soutenait François Hollande mais faisait entendre une petite musique sociale-démocrate – certains disaient déjà « sociale-libérale » – rue de Solférino.

À gauche en Europe était clairement une écurie présidentielle au service de DSK. Une petite équipe, animée par Olivier Ferrand, ancien conseiller en charge de l'Europe au sein du cabinet de Lionel Jospin, y travaillait d'arrache-pied, comme le ferait un cabinet ministériel, dans un appartement bourgeois avec moulures au plafond, loué par Anne

Sinclair, la compagne de l'ancien ministre de l'Économie.

J'avais été convaincu d'aller y faire un tour par mon ancien camarade de promotion de Sciences Po, Mathias Fekl, qui avait décidé de s'engager politiquement, dans la roue de Pierre Moscovici. J'y retrouvai Benjamin Griveaux, qui, après avoir raté de peu l'ENA, avait décidé de dédier sa vie à la politique en devenant assistant parlementaire et cheville ouvrière du think tank.

Une à deux fois par mois, je me rendais rue de la Planche pour assister à une réunion sous l'égide d'Olivier Ferrand, qui passait en revue l'actualité et commandait des notes pour DSK. Il y avait autour de la table une ribambelle de jeunes énarques, dont Alexis Zajdenweber, devenu depuis conseiller d'Emmanuel Macron, Pierre-Antoine Molina, un jeune conseiller d'État passé par la suite par le cabinet de Bernard Cazeneuve, ou encore Pascal Brice, spécialiste des questions européennes, fan du FC Nantes et joueur de football volcanique, croisé sur les terrains de l'association sportive de l'ENA. On y retrouvait aussi des esprits brillants comme Thomas Mélonio, spécialiste des questions de développement et de l'Afrique (il a été en charge de ces questions pendant cinq ans à l'Élysée sous François Hollande et il est aujourd'hui l'un des dirigeants de l'Agence française de développement), ou Lionel Choukroun, grand connaisseur des questions culturelles et audiovisuelles (après avoir été proche collaborateur de Benjamin Griveaux à Bercy puis au porte-parolat du gouvernement, il est devenu conseiller politique de la Première ministre, Élisabeth Borne).

Dans la pièce d'à côté, une ribambelle de jeunes gens, stagiaires ou militants, s'affairaient, notamment pour nourrir le blog de DSK. C'est là que j'ai croisé pour la première fois Ismaël Emelien, à l'époque à Sciences Po, Stanislas Guerini et Cédric O, alors étudiants à HEC, mais aussi Sibeth Ndiaye, qui était une des dirigeantes de l'UNEF à l'époque, et Maxime des Gayets, tous deux en charge du réseau des jeunes militants au sein du PS. Ils étaient couvés par de sacrées personnalités, comme Christophe Borgel, ancien patron de l'UNEF et docteur en rapports de force au sein du PS, Gilles Finchelstein, d'Havas et de la Fondation Jean-Jaurès, Anne Hommel, l'attachée de presse de DSK, et Ramzi Khiroun, conseiller très spécial, hyper malin, dont la mèche blanche et les airs de mauvais garçon détonnaient dans ce cadre très chic.

À cette époque, je n'ai vu DSK qu'une seule fois rue de la Planche. Olivier Ferrand lui exposait une série de propositions pour un éventuel programme présidentiel. Il écoutait distraitement, envoyant perpétuellement des SMS, comme s'il entretenait une dizaine de conversations à la fois. Avec qui ? Seul lui le savait, mais à voir son sourire en coin, il semblait y prendre plus de plaisir qu'à nous écouter parler de croissance économique, de réforme des retraites et de lutte contre les inégalités.

On connaît la suite de l'histoire. DSK a perdu largement la primaire interne de 2006 contre Ségolène

Royal, terminant à peine devant Laurent Fabius. Il a ensuite quitté la France pour devenir directeur du FMI. Tout le monde pensait qu'il serait le successeur de Nicolas Sarkozy mais il n'en a rien été, ses démons, visiblement connus de tous sauf de moi, l'ayant rattrapé et apparaissant au grand jour à New York en mai 2011.

Après la présidentielle de 2007, j'ai fréquenté un autre think tank, Terra Nova, qui prenait en quelque sorte le relais d'À gauche en Europe. Il était présidé par Olivier Ferrand, qui avait décidé de s'y consacrer quasiment à temps plein après avoir perdu aux élections législatives où il avait été parachuté dans une circonscription des Pyrénées-Orientales. Le think tank était largement financé par Henry Hermand, un millionnaire octogénaire ayant fait fortune dans la grande distribution, témoin de mariage d'Emmanuel Macron qui le considérait comme son meilleur ami. Toutes les semaines, une réunion était organisée à l'heure du déjeuner dans les bureaux de Michel Rocard, dans les étages d'un immeuble sordide de l'avenue des Champs-Élysées. Olivier Ferrand n'y assistait que rarement et laissait à Jean-Philippe Thiellay, un conseiller d'État fan d'opéra, dont il fredonnait des airs avec son accent marseillais, le soin de coordonner les travaux.

Contrairement à À gauche en Europe, qui était une écurie présidentielle, Terra Nova était un vrai laboratoire de réflexion, qui produisait et publiait très régulièrement des notes sur tous les sujets, en s'appuyant sur une myriade d'experts venant surtout de la haute administration et un peu de l'université. Cela manquait cruellement de diversité, mais la qualité intellectuelle était incontestablement au rendez-vous.

Terra Nova a été à l'origine de l'instauration des primaires pour désigner le candidat du PS à la présidentielle de 2012. Tout le monde était contre au départ, mais le rapport produit par Olivier Ferrand et Arnaud Montebourg a emporté la conviction. Il se fondait sur l'exemple américain, qui permettait de départager les candidats des partis démocrate et républicain, et leur donnait une légitimité forte. Ce système avait ainsi permis aux démocrates de faire émerger Barack Obama, qui avait remporté la présidentielle de 2008 après une campagne du feu de Dieu, au son de « *Yes we can* ». Cela faisait rêver.

Preuve de la vitalité de ce think tank, la note de quatre-vingt-deux pages intitulée « Gauche : quelle majorité électorale pour 2012 ? », publiée par Terra Nova en 2011, a déclenché une vive polémique. Entre les analyses de fond et les graphiques, les signataires estimaient que « la classe ouvrière n'[était] plus le cœur du vote de gauche, elle [n'était] plus en phase avec l'ensemble de ses valeurs ». Ils préconisaient de se tourner vers un nouvel électorat urbain comprenant les diplômés, les jeunes, les minorités des quartiers populaires et les femmes, tous unifiés par des valeurs culturelles progressistes. En somme, le PS devait faire le choix des classes moyennes plutôt que des classes populaires.

C'était en effet insupportable à lire, mais ce texte avait le mérite d'ouvrir un débat nécessaire au sein du PS pour consolider son identité. Si, en pratique, les auteurs de la note ne faisaient que constater que les classes populaires s'étaient éloignées depuis longtemps du PS, pour se réfugier dans l'abstention ou le vote en faveur des extrêmes, il n'était pas admissible d'en tirer la conclusion qu'il fallait faire une croix sur cet électorat. C'était à la fois défaitiste politiquement et cynique électoralement.

En fait, ses auteurs soulignaient finalement en creux leur désir de construire une majorité démocrate à l'américaine, en faveur de DSK, dont ils étaient proches. Cette majorité, qui aurait pu aller jusqu'au centre de l'échiquier politique, voire au centre droit, n'a finalement pas vu le jour en 2012, François Hollande optant pour une alliance plus classique à gauche, du centre gauche à la gauche radicale (Jean-Luc Mélenchon a appelé à voter pour lui au second tour, ne l'oublions pas). Elle s'est en revanche réalisée en 2017, au profit d'Emmanuel Macron, qui était alors entouré de la plupart des experts de Terra Nova de l'époque.

Olivier Ferrand n'était malheureusement plus là depuis longtemps. En 2012, après avoir remporté une élection législative à Marseille, où il avait des attaches familiales, il mourait tragiquement quelques semaines plus tard, dans son jardin, en revenant d'un footing. Le jour de ses obsèques, l'église Saint-Sulpice était bourrée à craquer. De nombreux ministres avaient pris la parole, rendant hommage à l'ami autant qu'à l'homme politique. Sa disparition brutale, si jeune, au moment où il rencontrait le succès, m'a profondément attristé. Au-delà de la peine personnelle que j'ai pu ressentir, la gauche perdait là un homme de valeur, incontestablement brillant, même si nous n'étions pas d'accord sur tout.

Je n'ai jamais fréquenté directement la Fondation Jean-Jaurès, par manque de temps mais aussi de connexions directes avec ses responsables. Je connaissais de vue Gilles Finchelstein, son délégué général, mais pas assez pour qu'il me propose de contribuer. Je n'ai jamais fait non plus la démarche de me rapprocher de ses équipes, car j'étais déjà très pris par mon activité professionnelle et mes modestes contributions à À gauche en Europe puis à Terra Nova. Emmanuel Macron, lui, avait fait le choix inverse. Il avait délaissé Terra Nova et était devenu contributeur régulier de la fondation. Il a été en cela bien inspiré car il avait certainement un profil trop proche de celui d'Oliver Ferrand et il lui aurait été difficile de se différencier chez Terra Nova. Je n'ai jamais su ce qu'il avait fait exactement pour la Fondation Jean-Jaurès, mais c'est dans son cercle qu'il s'est rapproché d'Ismaël Emelien, qui était le collaborateur de Gilles Finchelstein chez Havas, où il faisait des campagnes à travers le monde, notamment au Venezuela pour Hugo Chávez. Laurent Fabius m'a aussi raconté qu'il avait partagé avec lui un voyage pour la fondation en Amérique latine, au Brésil si je me souviens bien.

Quand j'étais à l'Élysée, j'ai pu observer de près la grande qualité de réflexion de Gilles Finchelstein et de son adjoint Laurent Cohen. Avec eux, et Thierry Pech, qui avait pris le relais d'Olivier Ferrand à la tête de Terra Nova, nous avions organisé deux grands colloques, l'un sur « La gauche et le pouvoir » et l'autre sur « La démocratie face au terrorisme », l'occasion pour François Hollande de prendre de la hauteur et de prononcer des discours de fond, très travaillés, remettant en perspective son action et l'inscrivant dans l'histoire de la gauche. C'était brillant, la presse en avait un peu parlé et était vite passée à autre chose. Il faut dire que ce genre d'exercice est peu compatible avec le rythme effréné de l'actualité.

Après 2017, la Fondation Jean-Jaurès s'est lancée dans un grand travail d'inventaire du quinquennat de François Hollande, sans complaisance. J'ai été reçu dans ce cadre, à l'occasion de la parution de mon premier livre, *La politique est un sport de combat*. Pendant une heure, avec Vincent Feltesse qui publiait également un livre sur le quinquennat, nous avions débattu sous l'autorité bienveillante de Gilles Finchelstein, toujours précis dans ses questions, qui glissait ici et là des critiques constructives.

Tout au long du quinquennat d'Emmanuel Macron, la fondation n'a cessé de produire des idées, a publié de nombreux livres, notamment en partenariat avec les éditions de l'Aube, de Jean Viard par exemple. Une nouvelle génération de penseurs de la gauche issus de ses rangs, à la plume libre, vive et fraîche, a vu le jour, avec notamment Gabrielle Halpern, Raphaël Llorca, Jérémie Peltier et Antoine Bristielle. Ils s'inscrivent dans le sillage d'autres brillants essayistes comme David Djaïz, auteur notamment du remarquable *Slow démocratie*, ou le député européen Raphaël Glucksmann et les politologues Vincent Martigny et Chloé Morin, dont les écrits sur la démocratie méritent le détour. C'est par les livres que ces intellectuels renouvellent les idées de la gauche, sans passer par les fourches caudines des partis.

Certes, on peut regretter que les partis politiques et notamment le PS ne jouent plus leur rôle de producteurs des idées, et qu'ils aient délégué progressivement ce rôle à des think tanks ou à des essayistes, auto-entrepreneurs intellectuels et politiques. Mais au fond, seul le résultat compte, et si c'est par cette voie que la gauche parvient à se réinventer idéologiquement, pourquoi pas ? Elle a déjà connu cette situation dans le passé, quand la vieille SFIO était moribonde et que c'était à côté d'elle et non plus en son sein que les idées renaissaient, notamment dans la Convention des institutions républicaines de François Mitterrand, au PSU de Michel Rocard ou au CERES de Jean-Pierre Chevènement. Ils ont fini par se retrouver au sein du PS, après le congrès d'Épinay, en 1971, et par reconquérir le pouvoir, dix ans plus tard, en 1981. Espérons que cette fois cela prenne moins de temps !

Les syndicats

Depuis la Charte d'Amiens de 1906, les syndicats sont autonomes et indépendants des partis politiques, ce qui, à gauche, a coupé à ces derniers la courroie de transmission directe avec le monde du travail qui faisait leur particularité.

Force est de constater par ailleurs que les organisations syndicales sont malheureusement aujourd'hui en assez mauvais état, le taux de syndicalisation restant très bas dans notre pays (moins de 10 %). Mais leur représentativité dépasse cependant le nombre de leurs membres et peut aussi être mesurée à travers le taux de participation aux élections prud'homales et aux élections professionnelles, qui est supérieur.

Actuellement, c'est la CFDT qui domine le champ syndical. Il se trouve que j'ai été membre de ce syndicat pendant de nombreuses années. J'y ai adhéré en 2003, en arrivant à l'ENA, à Strasbourg.

Notre promotion était très politique. On y trouvait des personnalités de droite, comme les futurs députés Julien Aubert (notre délégué de promotion la première année), Romain Grau et Olivier Becht, ou mon colocataire Sébastien Proto, actuellement directeur général adjoint de la Société générale, après avoir été notamment directeur de cabinet de Valérie Pécresse quand elle était en charge du budget sous la présidence de Nicolas Sarkozy, avec qui j'avais révisé l'oral du concours. Pendant deux mois, nous avions passé nos journées à lire nos fiches en silence, nous accordant de maigres pauses pour parler essentiellement de tout sauf de politique. Il était particulièrement intelligent et s'intéressait à tout, mais sa véritable passion était à l'époque la boxe thaïlandaise et il ne ratait pas une occasion de me montrer ses combats préférés à la télévision, quand il ne testait pas des coups de pied au-dessus de ma tête, dans un grand éclat de rire.

Nous avions décidé de nous installer en colocation, dans un appartement au centre de la ville, dans le quartier de la Petite France, non loin de l'ancienne douane. Dès le trajet en voiture, j'ai compris que ce ne serait pas la politique qui nous réunirait. Nous étions irréconciliables sur à peu près tous les sujets. Il était conservateur et libéral, venait d'un milieu populaire, s'était fait seul, à la force du poignet, et avait retenu de son parcours qu'on pouvait toujours s'en sortir quand on s'en donnait les moyens. Je pensais exactement l'inverse.

Nous sommes restés en bons termes pendant la scolarité, mais j'ai constitué une autre bande de copains. Je ne sais plus comment les choses se sont faites, mais dès le week-end d'intégration, à Ventron dans les Vosges (une petite station de ski brumeuse avec deux maigres pistes en haut d'une colline), nous ne nous sommes plus quittés.

Il y avait Mathias Vicherat, un grand brun de Belleville, fan de rap, qui revenait d'un stage au consulat général de France à Jérusalem et nous parlait d'Arafat avec des étoiles dans les yeux, Frédéric Mauget, sosie de Bruce Willis, joueur hors pair de ping-pong venu des Deux-Sèvres et de l'ESSEC,

Aymeric Ducrocq, bourgeois aux larges épaules passé par les jésuites de Franklin, Aurélien Lechevallier, l'œil rieur, venu de Blois, ancien d'HEC et revenant à peine de deux stages en Colombie et en Guadeloupe, Sébastien Jallet, grand Gaston Lagaffe, perpétuellement en retard et décalé, et enfin Emmanuel Macron, skieur émérite, avec un air de poète perdu dans l'Administration, cheveux blonds bouclés, chemise blanche ouverte.

Nous passions l'essentiel de notre temps à rire et à boire dans un petit bar proche de l'ENA, l'Académie de la Bière. Nous étions tous de gauche, sauf Aymeric, qui revendiquait son ancrage à droite, libéral et conservateur, et souvent nous parlions de politique. Mathias et Sébastien étaient sans doute les plus radicaux. Ils avaient milité ensemble au sein d'Attac à Sciences Po et Mathias avait passé quelques mois au cabinet de Jean-Luc Mélenchon, au ministère délégué à l'Enseignement professionnel. Emmanuel, lui, était chevènementiste. Il avait effectué un stage auprès de Sarre, le député-maire du 11e arrondissement, et n'aimait pas du tout qu'on juge son champion responsable de l'élimination de Lionel Jospin au premier tour. Un soir, il nous avait asséné, enflammé, dans une crêperie alsacienne : « Si la gauche a perdu, c'est qu'elle a été incapable de répondre à l'enjeu de l'insécurité, de tenir bon sur les valeurs républicaines. »

Frédéric était le plus motivé. Un jour, il avait déposé une invitation à venir débattre de l'avenir de la gauche à tous les élèves de la promotion. Nous étions une cinquantaine à avoir alors répondu à son appel, mais après avoir débattu pendant deux heures, dans le sous-sol de l'Académie de la Bière, nous n'avions pas trouvé le moyen de nous structurer.

Avec Mathias Vicherat, aujourd'hui directeur de Sciences Po, et quelques autres, dont Franck Paris, devenu conseiller d'Emmanuel Macron à l'Élysée, et Fabrice Casadebaig, administrateur au ministère de la Culture, nous avions donc opté pour la création d'une section syndicale de la CFDT, pour défendre les droits des étudiants fonctionnaires que nous étions et croiser le fer avec la direction de l'école, qui venait de passer dans les mains d'Antoine Durrleman, ancien patron de l'Assistance publique-Hôpitaux de Paris et conseiller social d'Alain Juppé à Matignon au moment des grandes grèves de 1995. Il était aussi mauvais diplomate que bon latiniste. Sourd à la moindre de nos revendications, il ne voulait pas écouter nos propositions pour rendre la scolarité plus intéressante. L'ENA n'était qu'une machine à classer, on ne nous apprenait rien de plus qu'à Sciences Po, et personne ne cherchait à développer notre esprit critique, à nous pousser à réfléchir à l'avenir du pays. C'était dramatique.

Revenus à Paris, nous étions très remontés contre la direction de l'école. Les notes de stage avaient provoqué un grand malaise au sein de la promotion, car les filles et fils d'énarques avaient trusté les meilleures. Étaient-ils vraiment meilleurs ? Avaient-ils été avantagés ? La réalité était plus simple : comme Obélix qui était tombé dans la potion magique quand il était petit, ils connaissaient depuis toujours les codes implicites de la haute fonction publique et étaient comme des poissons dans l'eau au sein d'une ambassade ou d'une préfecture.

Au-delà de ces suspicions, nous étions affligés par la faible qualité intellectuelle de l'enseignement dispensé, qui ne nous conduisait pas à nous interroger sur l'avenir du pays et sur le rôle de l'État à l'heure de la mondialisation, de la construction européenne et de la décentralisation, par la mauvaise organisation des épreuves de classement, et par une forme de vice de la direction. Ils avaient en effet imaginé une épreuve dite « collective » où nous devions constituer librement un groupe de dix étudiants, choisir un sujet, travailler ensemble, pour enfin être notés individuellement. C'était *Koh-Lanta* avant l'heure, mais en mode administratif, sans plage de sable fin ni soleil incandescent. La direction de l'école avait fini par renoncer, devant notre indignation et un tract assez amusant que nous avions intitulé « Épreuve collective, et pourquoi pas le kick-boxing ? », suggérant de ne plus perdre de temps et d'organiser directement des combats dans le hall pour nous départager.

Nous avions enfin lancé des travaux plus conséquents, sur le fond, avec l'élaboration d'un rapport d'évaluation de la scolarité assorti de propositions (comme la suppression de l'accès direct aux grands corps de l'État), la rédaction d'un recours en annulation contre le classement de sortie et le vote d'une motion de défiance contre la direction. La quasi-totalité des élèves avait voté celle-ci, et le jour de la sortie de l'ENA, la major de promotion, Marguerite Bérard, pourtant pas la plus révolutionnaire d'entre nous, avait accepté de remettre l'ensemble de nos travaux. Le directeur se mordait les lèvres de colère.

Dans les jours qui suivirent, quelle ne fut pas notre surprise de recevoir une lettre du ministre de la Fonction publique de l'époque, Renaud Dutreil, nous rappelant à l'ordre sur notre devoir de réserve et contestant tous nos propos sur le fond. Il avait tort. Quelques années plus tard, le classement de sortie était annulé. Symboliquement, nous avions gagné, mais cette décision était sans effet, car personne n'avait l'intention de refaire la totalité de sa scolarité alors que nous avions déjà bien entamé nos vies professionnelles.

J'ai continué à être membre de la CFDT pendant une dizaine d'années, avant de rendre ma carte, trop pris par ma vie professionnelle et familiale. J'ai même été un temps élu représentant des administrateurs civils de mon ministère, celui des Affaires sociales, ce qui m'a valu de participer à plusieurs consultations portant sur l'organisation dudit ministère et à quelques commissions disciplinaires.

De ces années de militantisme syndical, j'ai retenu la force de l'engagement au service de la représentation des salariés, du public comme du privé. Les luttes de pouvoir existent bien entendu aussi au sein d'une organisation syndicale comme la CFDT, mais je ne les ai vues que de loin, et elles me semblent bien marginales comparées à ce que j'ai pu voir au PS. Surtout, la force de cette organisation tient à ce que ses militants, dirigeants et élus agissent concrètement tous les jours pour défendre les droits des salariés, au niveau microsocial, dans les entreprises et les services de l'État et des collectivités locales. Cela leur donne une légitimité concrète indispensable pour porter ensuite des revendications au niveau national.

De ces vingt ans à fréquenter les coulisses du PS, des think tanks et du monde syndical, j'ai acquis la conviction que le parti ne pourra renaître qu'en réalisant une subtile alliance entre une nouvelle génération d'intellectuels et des organisations représentatives des salariés, comme la CFDT, pour se connecter au monde du travail, sous toutes ses formes.

Mais cela ne suffira pas. Il est aussi indispensable de parvenir à régler un certain nombre de différends internes à la gauche, de lever des ambiguïtés qui l'embarrassent et l'empêchent d'avancer, d'autant plus sur une scène politique remodelée par l'arrivée d'Emmanuel Macron qui a tout misé sur la disparition du clivage droite/gauche.

Le PS écrasé
par le rouleau compresseur macroniste

Venu de la gauche, Emmanuel Macron a méthodiquement étouffé le Parti socialiste, tout d'abord en débauchant ses talents, puis en brouillant les lignes idéologiques, et enfin en menant en 2022 une campagne présidentielle cadenassée, d'une redoutable efficacité. Si l'appareil politique du PS est, on l'a vu, totalement sclérosé, la déroute de la gauche dans son ensemble doit aussi être considérée à l'aune de ce contexte politique tout à fait particulier.

L'art du débauchage

Emmanuel Macron n'est pas le premier à avoir usé du débauchage individuel pour affaiblir ses adversaires.

Le général de Gaulle s'y était employé dès son retour au pouvoir en 1958. Associant l'ensemble des chefs de partis à la rédaction du nouveau texte constitutionnel, il avait ensuite présidé pendant onze ans en se plaçant au-dessus de ces partis, amenant à lui des personnalités venant d'horizons divers, parfois très éloignées idéologiquement, au moins au départ, comme André Malraux. Giscard d'Estaing fit de même avec Françoise Giroud, qui avait appelé à voter pour Mitterrand. Ce dernier, en 1988, pour pallier l'absence de majorité présidentielle, inventa l'ouverture, en faisant entrer au gouvernement des personnalités du centre, comme Jean-Pierre Soisson. Nicolas Sarkozy s'en inspira en 2007, en nommant pas moins de cinq personnalités venues de la gauche au sein du premier gouvernement de François Fillon (Éric Besson, Jean-Marie Bockel, Martin Hirsch, Jean-Pierre Jouyet, Bernard Kouchner).

François Hollande, lui, s'y refusa. On lui a souvent reproché de ne pas avoir nommé François Bayrou, qui avait pourtant appelé à voter pour lui. Quand on lui posait la question, il répondait toujours la même chose : « Il ne voulait pas seulement être membre du gouvernement ou Premier ministre. Il voulait que je fasse voter la proportionnelle, puis que je procède à la dissolution de l'Assemblée afin qu'il puisse disposer d'un groupe important de députés. »

Emmanuel Macron n'a pas eu les mêmes états d'âme en 2017, débauchant allègrement à gauche puis à droite. « À partir de septembre 2016, tous les jours, il me demandait qui j'avais réussi à rallier. C'était épuisant », m'a un jour confié une des chevilles ouvrières de sa campagne.

Au début, ils n'étaient pas nombreux à franchir le pas, et il s'agissait plutôt de seconds couteaux du

PS, comme Christophe Castaner, Richard Ferrand ou Olivier Véran. Les sondages aidant, il a vite été rallié par des personnalités plus importantes, comme Gérard Collomb, le maire de Lyon, ou Jean-Yves Le Drian, alors à la fois ministre de la Défense et président de la région Bretagne, l'ancien maire de Paris, Bertrand Delanoë, décidant quant à lui d'appeler à voter pour lui, pour faire barrage à l'extrême droite, sans rien demander en échange.

Les centristes ont emboîté le pas, à la suite du ralliement de François Bayrou en février. Puis ce fut le tour de la droite, la qualification pour le second tour acquise. Une fois la victoire en poche, le flux de débauchage s'est largement ouvert de ce côté. Cela m'avait surpris à l'époque, et j'en avais discuté avec Philippe Grangeon, alors conseiller spécial du Président, qui m'avait répondu, aussi embarrassé que direct : « Le pays est à droite, tu sais, Gaspard. » C'est pour répondre à cette analyse politique qu'Édouard Philippe, Bruno Le Maire et Gérald Darmanin ont été recrutés.

Pour la plupart de ces débauchages, Emmanuel Macron a toujours procédé de la même manière, allant chercher des personnalités en difficulté, et les achetant à la baisse. À droite, Bruno Le Maire avait subi une lourde défaite à la primaire des Républicains. Édouard Philippe et Gérald Darmanin avaient vu leurs champions – Alain Juppé pour le premier, Nicolas Sarkozy pour le second – sèchement battus lors de cette même primaire. À gauche, Christophe Castaner était déprimé après sa défaite aux régionales,

Richard Ferrand était déçu que la loi Macron, dont il était le rapporteur, n'ait pu passer que grâce au 49.3, et Olivier Véran avait dû quitter le Palais-Bourbon après le départ du gouvernement de Geneviève Fioraso, dont il était le suppléant.

J'ai failli me retrouver dans le même sac. Le 2 décembre 2016, au lendemain de l'annonce par François Hollande de sa décision de ne pas être candidat au renouvellement de son mandat, j'ai en effet reçu un SMS d'Emmanuel Macron me témoignant son soutien et m'invitant à venir le voir à son QG de campagne. Qu'avait-il en tête ? Voulait-il me proposer de rejoindre son équipe, pourtant déjà bien fournie ? Je ne le saurai jamais, car, après l'avoir remercié pour son attention, j'ai décidé de ne pas donner suite.

Quelques semaines plus tard, par l'entremise de Philippe Grangeon, qui dirigeait, de fait, sa campagne, puis de Stéphane Séjourné, qui avait en charge la préparation des législatives, il me proposait d'être candidat lors du scrutin qui arrivait. C'était tentant. Cela faisait de nombreuses années que je caressais l'idée d'être un jour candidat à une élection. J'avais plutôt envie de me présenter aux élections municipales à Paris, mais, après tout, être député devait être une expérience passionnante, l'occasion de me confronter enfin au suffrage universel et de poursuivre mon engagement politique d'une autre manière.

Je ne dis pas non, et discutai avec Stéphane Séjourné des possibilités qui pouvaient s'offrir à moi. « À Paris, cela ne va pas être possible », m'a-t-il dit rapidement. Je l'imaginais les yeux rivés sur un tableau Excel de cinq cent soixante-dix-sept lignes, comme autant de circonscriptions législatives. Il ajouta : « Il y a déjà beaucoup de gens sur les rangs, d'Hugues Renson que l'on a déjà investi dans la première vague, à Benjamin [Griveaux] qui est porte-parole, en passant par Stan [Stanislas Guerini] qui fait un gros boulot à Paris. » Il m'égrena ensuite une liste de circonscriptions éloignées de mon histoire, de la Dordogne à Londres, en passant par la Normandie. Cela n'avait aucun sens.

Un matin, quelques jours après le second tour de l'élection présidentielle, j'eus la surprise de découvrir en me réveillant une liste d'appels en absence et un SMS presque comminatoire : « Rappelle-moi dès que tu peux. » Les yeux encore collés par la fatigue, je rappelai immédiatement le conseiller, qui m'expliqua que la proposition de la commission d'investiture était de m'investir à Rennes. Le Président s'était battu pour cela – « c'est un legs », m'a-t-il dit, comme si je faisais partie du passif d'un quinquennat à solder – et il valait mieux pour moi que j'accepte. « C'est à prendre ou à laisser », conclut le jeune messager, avec autant de distance que de douceur.

J'ai bafouillé. Je n'ai su dire ni oui ni non et me suis retrouvé emporté dans un tourbillon politico-médiatique dont je me serais bien passé. Mon nom a été jeté en pâture quelques heures plus tard. Et ce fut la curée. Tout le monde était contre. Les militants macronistes locaux étaient révoltés. Les caciques du QG de campagne levaient les yeux au ciel. Les médias ricanaient. François Hollande, que j'avais prévenu, était bien embarrassé qu'un de ses plus proches conseillers puisse rejoindre la majorité de son successeur. Enfin, *last but not least* comme on dit outre-Manche, Jean-Yves Le Drian était contre. Après m'avoir assuré au téléphone qu'il trouvait l'idée géniale, il s'était ravisé devant la bronca suscitée par cette annonce chez ses amis socialistes, dont un, assez drôle, promettait de venir m'accueillir à la gare de Rennes avec une valise, celle du touriste de passage en terre bretonne.

C'était trop pour moi, et je décidai de renoncer en moins de quarante-huit heures. Je n'avais aucune attache à Rennes. Y être candidat ne répondait à aucune logique, ne reposait sur aucun ancrage. Cela aurait été un parachutage en bonne et due forme, une caricature de la politique à l'ancienne qui ne me ressemblait pas.

J'en ris encore aujourd'hui. Il arrive régulièrement qu'on m'interroge sur le sujet, ma page Wikipédia ayant conservé la trace numérique de ce triste épisode. Souvent, je refuse de répondre, comme il y a quelques semaines, quand un jeune journaliste m'a appelé pour me dire qu'il rédigeait un article sur le parachutage et qu'il aurait aimé recueillir mon témoignage. Mais parfois, je ne peux m'empêcher de jouer le jeu, et je raconte que cette histoire n'est qu'un malentendu et que je pensais en réalité que le Président m'avait proposé d'être candidat « rue de Rennes », dans le 6e arrondissement, et non à

Rennes, en Ille-et-Vilaine. Il m'est même arrivé récemment de faire croire, le temps d'un premier avril, que je serais candidat à Rennes. Le temps a fait son affaire.

En tout cas, en juin 2017, je n'ai pas mangé le plat de lentilles que l'on me proposait d'avaler goulûment. Trois ans plus tard, j'ai cependant fini par céder aux sirènes de la Macronie, pendant les élections municipales de 2020.

En avril 2018, avec un groupe d'habitants de la capitale, j'avais décidé de créer un mouvement citoyen, « Parisiennes, Parisiens », en vue de proposer de nouvelles idées pour l'avenir de la ville. En mars 2019, j'avais annoncé ma candidature. Malheureusement, comme souvent en politique, rien ne s'est passé comme prévu.

Les candidatures au centre du jeu politique se sont multipliées : outre celle de Benjamin Griveaux, investi dans la douleur par LREM, il a fallu aussi compter avec celle, au centre droit, de Pierre-Yves Bournazel, et celle, au centre gauche, de Cédric Villani. J'ai été victime de cet embouteillage : à partir de la rentrée 2019, j'ai commencé à chuter dans les sondages, alors que j'avais été testé à 7 % après ma candidature, ce qui certes n'était pas énorme mais constituait une bonne base de départ pour peser par la suite.

Face à cette impasse politique, qui menaçait de se transformer en banqueroute financière, les listes faisant moins de 5 % n'étant pas remboursées de leurs frais de campagne, j'ai préféré me rallier à LREM, après le retrait de la candidature de Benjamin Griveaux. Agnès Buzyn le remplaçait. Je la connaissais un peu, pour l'avoir croisée quand elle dirigeait l'Institut national du cancer. J'avais une bonne image d'elle et une réelle admiration pour son parcours de médecin et de haut fonctionnaire dans le domaine de la santé, qui avait conduit François Hollande à envisager un temps de la nommer au gouvernement.

Fait rare, j'ai échangé quelques messages à son sujet avec Emmanuel Macron. Il était ravi de l'avoir choisie pour relever le défi. Il m'a écrit : « Vas-y, fonce ! », sans plus de démonstration, tel un manager de start-up tentant de motiver ses informaticiens ou ses commerciaux.

Tous les signaux semblaient au vert. J'avais un seul doute : pouvait-elle être candidate à la mairie de Paris alors qu'elle venait d'affronter une grave crise dans les hôpitaux publics et, surtout, alors qu'une épidémie nous menaçait ? Pour m'en assurer, j'en parlai avec un conseiller du Président, qui me répondit sèchement : « Il n'y a pas de sujet. » La suite a montré qu'il y avait un très gros sujet.

Avec le recul, Agnès Buzyn était certainement la plus mauvaise candidate que le Président pouvait choisir dans le contexte épidémique. Elle connaissait peu les dossiers parisiens et, avec l'aggravation rapide de la crise sanitaire, la pauvre s'est retrouvée prise dans un tourbillon dont elle ne pouvait pas sortir indemne. Elle s'est totalement brûlé les ailes en se confiant maladroitement à Ariane Chemin, du *Monde*, pendant l'entre-deux-tours.

Avec cette déclaration, la messe était dite. LREM a fait un score catastrophique au second tour, qui a finalement eu lieu en juin 2020. Alors que j'avais fait près de 25 % des voix dans le 6ᵉ au premier tour, j'ai perdu 10 points au deuxième tour et je n'ai pas été élu. La majorité présidentielle n'a obtenu que trois conseillers de Paris. Stupéfiant quand on voit les scores d'Emmanuel Macron dans la capitale lors des deux dernières élections présidentielles.

La défaite m'a laissé un goût amer. Si c'était à refaire, je ferais autrement, versant mes idées, comme la spectaculaire destruction du périphérique, dans le débat public sans attendre de contrepartie, et évitant de blesser mes soutiens de la première heure, ce dont je suis encore aujourd'hui profondément désolé.

J'ai en tout cas vu fonctionner de près le rouleau compresseur macroniste. Heureusement pour moi, je n'ai pas fini écrasé sous ses roues, mais il s'en est fallu de peu.

D'autres n'ont pas eu ma chance, ou mes états d'âme. Pendant tout le quinquennat, Emmanuel Macron n'a cessé de ramener à lui des personnalités de gauche, petit à petit, infligeant au Parti socialiste une forme de supplice de la goutte. Élisabeth Borne, ancienne conseillère de Lionel Jospin, pilier de l'Hôtel de Ville quand j'y travaillais, ancienne directrice de cabinet de Ségolène Royal, nommée préfète de région puis patronne de la RATP par François Hollande, a connu une ascension fulgurante au sein du gouvernement, avant de devenir la première Première ministre du nouveau quinquennat. Olivier Dussopt, frondeur sous le quinquennat de François Hollande, est devenu ministre. François Rebsamen, ancien numéro 2 du PS à l'époque de François Hollande, ancien ministre, maire de Dijon, ne cesse de clamer son amour pour le président de la République. Dans ma génération, l'ancien député Eduardo Rihan Cypel, ancien camarade de promotion de Sciences Po, a rejoint la majorité en 2022, à la veille de la présidentielle. Benoît Payan, le maire socialiste de Marseille, n'a cessé de s'afficher publiquement avec le Président pour récupérer quelques subventions. Alain Fontanel, ancien premier adjoint socialiste à Strasbourg, a été investi aux législatives. Olivier Klein, maire de Clichy-sous-Bois, vient de devenir ministre du Logement.

Enfin, depuis 2017, je ne compte plus les anciens camarades socialistes ou collègues en cabinet à la Mairie de Paris, au ministère des Affaires étrangères et à la Présidence de la République qui ont franchi le pas pour devenir collaborateur à l'Élysée, à Matignon ou dans les ministères. L'un d'eux m'avait dit en 2014 qu'il trouvait François Hollande trop à droite, quelques mois plus tard il travaillait pour Manuel Valls et il est aujourd'hui au service d'Élisabeth Borne. Une autre m'avait expliqué que l'ouverture des commerces le dimanche voulue par le ministre Emmanuel Macron était inacceptable pour une personne de gauche comme elle. Quelques années plus tard, elle a rejoint son cabinet. Plus récemment, alors que je demandais des nouvelles à une ancienne collègue travaillant dans une grande entreprise française, elle me répondit : « Tout va bien, toujours engagée à gauche. Et toi ? » Une semaine plus tard, elle devenait directrice de cabinet d'un membre du gouvernement d'Élisabeth Borne. À chaque fois, ils ont avancé les mêmes arguments : « C'est mon devoir », « Cela ne se refuse pas ! », « Je n'ai pas pu résister »...

Comment leur en vouloir ? J'ai moi-même failli céder à la tentation. Et il faut dire que dans le même temps, Emmanuel Macron entretenait un flou idéologique propice à la confusion personnelle et aux ralliements politiques.

Le brouillage idéologique

Si les deux premières années du quinquennat d'Emmanuel Macron ont été incontestablement placées sous le sceau de la droite, la seconde partie du quinquennat a été plus ambiguë, en raison des circonstances.

En 2017, Emmanuel Macron a été élu sur la promesse d'un dépassement idéologique des clivages. Il voulait être « et de gauche et de droite », et construisait tous ses raisonnements autour de la locution « en même temps », afin d'allier les contraires. En pratique, dès le début du quinquennat, il a mené une politique de droite, libérale économiquement. Les exemples en sont nombreux, mais on peut ici citer l'assouplissement du droit du travail, le durcissement des conditions d'accès à l'assurance chômage, la suppression de l'impôt de solidarité sur la fortune, la baisse continue de l'impôt sur les sociétés ou encore l'instauration d'un prélèvement forfaitaire unique sur les revenus du capital, une « flat tax » particulièrement favorable aux détenteurs du capital et à tous ceux qui peuvent être rémunérés en dividendes et plus-values. Toutes ces réformes sont allées dans le même sens, celui du renforcement des chefs d'entreprise au détriment des salariés, des détenteurs du capital au détriment de ceux qui ne vivent que des revenus de leur travail.

Les crises ont changé la donne. Celle des Gilets jaunes a conduit le Président à prendre des premières mesures en faveur du pouvoir d'achat, pour répondre à la bronca sociale qu'il avait lui-même provoquée en persistant à mettre en place une taxe supplémentaire sur les carburants, alors même que la grogne des classes populaires et moyennes était déjà à son comble avec la décision de limiter la vitesse sur les routes nationales à 80 km/h. Par la suite, il a fait le choix de renoncer pour un temps à une réforme des retraites qui s'annonçait aussi complexe qu'injuste pour ceux qui avaient commencé à travailler tôt ou qui avaient exercé des métiers pénibles. Enfin, la crise du Covid l'a poussé à mener une politique de relance, que peu de gouvernements de gauche auraient osé entreprendre.

« On a soviétisé l'économie », m'a un jour confié un conseiller du Président, pas mécontent de sa formule, lui qui avait milité toute sa vie du côté de la démocratie libérale. Difficile de lui donner tort. Pendant deux ans, la France a fait tourner la planche à billets comme jamais. Encouragés par les largesses monétaires de la Banque centrale européenne, libérés des contraintes budgétaires de la Commission européenne, le Président et son gouvernement n'ont pas lésiné : chômage partiel dans toutes les entreprises, paiement des traitements de tous les agents publics privés d'activité, octroi massif de prêts garantis par l'État, fonds de secours et plans sectoriels d'urgence en veux-tu en voilà... Même Keynes et Marx en auraient perdu leur latin. Les déficits et la dette ont explosé, et Emmanuel Macron restera sans doute dans l'histoire comme le Président qui aura mené la politique économique de relance la plus offensive, soutenant l'offre et la demande comme aucun gouvernement de gauche ne l'avait fait auparavant.

Au-delà de ces mesures d'urgence, il y a bien d'autres champs dans lesquels le Président a su habilement brouiller les cartes. Dans le domaine de l'éducation, difficile pour un homme de gauche de ne pas soutenir la mesure de dédoublement des classes dans les zones d'éducation prioritaire. Comment par ailleurs ne pas être favorable à la décision de faire de l'égalité entre les femmes et les hommes la grande cause du quinquennat, à la reconnaissance de la PMA pour toutes ou à la volonté de permettre à chacun de mourir dans la dignité. Dans le domaine culturel, on ne peut que soutenir les efforts pour contraindre les GAFAM à participer au financement des industries culturelles ou la mise en place d'un pass culture pour les jeunes. S'agissant de l'écologie, impossible de ne pas se ranger dans le camp du Président quand il s'en est pris à Donald Trump qui venait de dénoncer l'Accord de Paris sur le climat. En matière de politique étrangère, difficile également de s'opposer aux convictions européennes maintes fois réaffirmées par le chef de l'État. Dans le champ symbolique enfin, comment ne pas applaudir à la panthéonisation de Joséphine Baker ?

Avec ces réformes, décisions et commémorations, Emmanuel Macron a occupé le terrain politique de la gauche traditionnelle, répondu à une bonne partie des attentes des sociaux-démocrates et privé les partis de gauche, notamment le PS, de l'espace politique dont ils auraient eu besoin pour s'opposer, proposer et incarner l'alternance.

Bien sûr, tout au long du quinquennat, le versant droit du macronisme est revenu, comme un retour du refoulé freudien. Cela s'est particulièrement vu en matière d'immigration et de sécurité, le Président s'accommodant souvent du discours testostéroné de Gérald Darmanin et ayant bien du mal à dénoncer les violences policières. Cela n'a également échappé à personne en matière écologique, quand le Président a décidé de mettre de côté le développement des nergies renouvelables au profit d'une relance de dustrie nucléaire. Cela a enfin été flagrant dans naine institutionnel, le Président ayant fait le choix d'une pratique très verticale du pouvoir, donnant souvent l'impression de tout décider seul, ne procédant finalement ni à une réforme constitutionnelle ni à l'instauration d'une dose de proportionnelle aux législatives, et ne suivant pas les propositions de la convention citoyenne sur le climat qu'il avait pourtant lui-même mise en place.

Ces violations flagrantes du pacte conclu avec ses électeurs venant de la gauche n'ont cependant pas pesé dans la dernière ligne droite de l'élection présidentielle, le président-candidat ayant cadenassé la campagne comme jamais.

Une campagne cadenassée

Même si sa victoire est moins flamboyante qu'en 2017, Emmanuel Macron a mené en 2022 une campagne d'une efficacité redoutable, étouffant le débat avant le premier tour et se repositionnant à gauche dans l'entre-deux-tours pour raviver le front républicain et terrasser Marine Le Pen.

Pour la première fois de l'histoire des élections présidentielles, il n'y a pas eu de véritables campagnes de premier tour. Les candidats ont bien entendu fait leur possible pour animer le débat, mais ils se sont heurtés aux circonstances, qui ont éloigné les citoyens de la politique nationale, et ont été les victimes de l'efficace stratégie d'évitement du président sortant.

Pendant de longs mois, les candidats ont ainsi donné l'impression de faire des tours de piste au ralenti, comme des cyclistes dans un vélodrome attendant le sprint final en faisant du surplace. Certains ont commencé à tourner tôt : Nathalie Arthaud, Nicolas Dupont-Aignan, Marine Le Pen et Jean-Luc Mélenchon ont annoncé leurs candidatures dès 2020, plus de deux ans avant l'échéance. Ils ont ensuite été rejoints par huit autres candidats, dont Emmanuel Macron, qui s'est longtemps fait attendre.

À partir de septembre 2021, on a assisté à un interminable bal des prétendants, pour connaître le casting des principaux mouvements politiques, sauf au sein du PS, où, comme je l'ai raconté plus haut, un accord entre Olivier Faure et Anne Hidalgo a privé le parti de débat et la candidate de la dynamique dont elle aurait eu besoin. Les écologistes ont, eux, organisé une primaire ouverte, qui a débouché sur le choix de Yannick Jadot mais sur une victoire symbolique de Sandrine Rousseau, son adversaire au second tour. Les Républicains ont opté pour un congrès fermé, qui a permis à Valérie Pécresse d'être candidate, avec un Éric Ciotti collé à ses basques. Enfin, il y a même eu une primaire citoyenne, qui a conduit, on l'a détaillé plus haut, à la candidature de Christiane Taubira, contrainte de renoncer faute de parrainages suffisants.

Le Président a finalement annoncé sa candidature le 3 mars, à trente-huit jours du premier tour, dans une lettre aux Français, comme Mitterrand avant lui en 1988, qui avait fait durer le plaisir un peu plus longtemps, ne se déclarant candidat qu'à trente-trois jours de l'échéance. Emmanuel Macron avait l'intention de sortir du bois plus tôt. À son QG de campagne, tous les préparatifs étaient prêts pour le début du mois de février. « On a hâte de se lancer », entonnaient les cadres de la majorité en chœur, impatients de retrouver le parfum excitant du combat électoral. Mais finalement le Président n'a pas voulu. Il a préféré patienter, tel un joueur de poker roué, habitué à laisser passer les mauvaises mains, à bluffer quand il le faut et à attendre son heure. « Il aurait fait un malheur à une table de Texas Hold'em à Las Vegas », m'a dit un jour un de ses plus proches conseillers, l'œil admiratif et le sourire gourmand. Glaçant.

Une fois candidat, le président sortant a ensuite parfaitement incarné le rôle du président protecteur. « C'est le chef de guerre », m'a confié régulièrement son entourage proche, pour justifier ce changement de posture par rapport à 2017. À l'époque, il avait revêtu les habits d'un Steve Jobs français, patron de la start-up nation, portant souvent un sobre col roulé noir, comme le gourou de la Silicon Valley. Il troquait souvent ce déguisement *new age* pour celui du jeune conquérant qui, tel le jeune Bonaparte, franchit le pont d'Arcole ou, tel Alexandre le Grand, quitte sa petite Macédoine et vole de victoire en victoire en Orient.

En 2022, on a plutôt eu affaire à un ersatz de vieux général, sûr de sa force, au sage patriarche protégeant et rassurant les Français. Drôle de contre-emploi pour un président de quarante-quatre ans, plus jeune candidat à l'élection présidentielle cette fois encore, mais cela a fonctionné. Et il a parfaitement interprété ce rôle de composition.

Le Président est un comédien hors pair, un passionné de théâtre, qui adore changer de rôle et de registre, en fonction des circonstances, des situations et de ses interlocuteurs. Tout le monde le sait, c'est dans un cours de théâtre qu'il a rencontré son épouse, Brigitte. Ce que l'on sait moins, c'est qu'il a continué longtemps à jouer la comédie. Par exemple, un soir, alors que nous étions attablés à quelques-uns, élèves de l'ENA, chez Les BerThom, une winstub sans prétention de la Petite France à Strasbourg, il nous avait rejoints, en retard comme souvent. Alors que je l'interrogeais en riant sur ce qu'il pouvait bien fricoter dans cette ville qu'il connaissait à peine, il m'avait répondu : « J'étais à un cours de théâtre. » « Ah, tu prends déjà des cours, alors que tu viens d'arriver ici ? » lui avais-je demandé, et il m'avait alors rétorqué dans un sourire : « Non, c'est moi qui les donne. Je donne un coup de main à un ami de Brigitte qui vit dans le coin. »

Même devenu président, il n'a pas renoncé à cette passion pour le théâtre. Jean-Marc Dumontet, propriétaire de plusieurs salles parisiennes, fait office de conseiller officieux. Rima Abdul-Malak, sa conseillère culturelle, qui à l'heure où j'écris ces lignes vient d'être nommée ministre de la Culture, est une des meilleures spécialistes de la scène théâtrale contemporaine. On se souvient aussi qu'il avait eu la coquetterie de jouer lui-même le rôle du récitant quand *Pierre et le Loup*, le conte symphonique de Prokofiev, avait été joué dans les salons de l'Élysée. Le 7 mars 2020, à moins de deux semaines du confinement, il était encore au Théâtre Antoine avec Brigitte, pour assister à une représentation de *Par le bout du nez*, une pièce mettant en scène un psychiatre et un président de la République victime d'affreuses démangeaisons au nez juste avant son discours d'installation...

Ce goût pour le théâtre l'a parfois conduit à se déguiser – en pilote de chasse façon Tom Cruise sur une base aérienne, en joueur de l'Olympique de Marseille courant balle au pied, ou encore en hipster mal rasé pendant la crise ukrainienne –, ou à surjouer, notamment dans certaines allocutions solennelles où il s'est laissé aller à une voix de basse très affectée, ou lors de son interview sur TF1, par Audrey Crespo-Mara et Darius Rochebin, où il semblait chercher désespérément à mimer l'émotion, accentuant les silences, baissant le regard vers le sol et mouillant ses yeux quand il s'agissait de parler des Français. Une séance digne de l'Actors Studio !

Quoi qu'il en soit, en ce début d'année 2022, il a parfaitement joué son rôle de président protecteur, en surplomb, à bonne distance de ses concurrents, et il a ainsi utilement évité la campagne. Avant le premier tour, il n'a fait qu'un seul meeting, quand Mitterrand en avait fait trois en 1988. Il n'a quasiment effectué aucun déplacement sur le terrain et a donné un minimum d'interviews, se payant même le luxe de ne pas en donner à France 2, France Info ou France Culture avant le premier tour.

Il a surtout refusé de participer à des débats avant le premier tour, considérant qu'il n'en avait pas le temps et qu'il pouvait se cacher derrière l'absence de précédents en la matière. Certes, quelques présidents sortants avaient par le passé participé à ces séquences médiatiques très attendues, mais c'était chaque fois pendant l'entre-deux-tours. Certes, il y avait déjà eu des débats avant le premier tour, en 2017, mais le président sortant, François Hollande, n'y avait pas pris part, car il avait renoncé à être candidat.

Au fond, le Président n'avait tout bonnement pas envie de participer à ces débats, comme me l'a confirmé régulièrement son entourage. Certains considéraient qu'il n'avait pas à s'abîmer dans une bataille à un contre onze, d'autres que ce n'était pas de son niveau, quand tous considéraient qu'il n'avait rien à y gagner, car il avait assez d'avance dans les sondages. Il n'y a finalement que Philippe Grangeon qui m'a toujours soutenu que le Président avait tout au contraire intérêt à descendre dans l'arène pour s'y relégitimer. À quelques semaines du premier tour, il me confiait ainsi que les débats étaient devenus « une nécessité et un rituel démocratiques » et que « s'en extraire pour les esquiver était toujours risqué ».

Quoi qu'il en soit, le résultat a été une absence de campagne de premier tour. Pendant six mois, de septembre 2021 à mars 2022, on n'a quasiment entendu parler que du Covid, de ses multiples variants et des consignes gouvernementales souvent kafkaïennes pour y faire face. Si les partis de gauche et leurs candidats ont parfois tenté de critiquer certaines décisions, ils ont été la plupart du temps inaudibles, l'écrasante majorité des Français soutenant les décisions prises par le Président et son gouvernement et ne prêtant qu'une oreille distraite aux commentaires et critiques de l'opposition.

Le déclenchement soudain et inattendu du conflit en Ukraine a ensuite fait passer le Covid au second plan. Pendant un mois, une atmosphère étrange s'est emparée du pays. « J'ai l'impression de vivre le début de la Troisième Guerre mondiale », m'a ainsi confié une amie journaliste. La tragédie frappait à la porte de l'Europe. Nous étions tous les yeux écarquillés devant la brutalité et le cynisme sans limite de Vladimir Poutine. On parlait de menace nucléaire du matin au soir. C'était sidérant. Dans ce contexte très émotionnel, plus personne ne s'intéressait à la campagne électorale du premier tour. Et les candidats de gauche se sont retrouvés bien embarrassés : Anne Hidalgo et Yannick Jadot ont soutenu l'action du président sortant, sans pouvoir se distinguer, quand Jean-Luc Mélenchon a été mis en cause pour ses déclarations passées et problématiques sur la Russie de Vladimir Poutine.

Au second tour, le président sortant a radicalement changé de stratégie. Il a soudain accéléré, sûrement plus pour légitimer sa victoire que pour la garantir. Il ne faisait aucun doute qu'il battrait Marine Le Pen, qui ne disposait pas des réserves de voix suffisantes pour franchir la barre des 50 %, mais il a mis un point d'honneur à retourner enfin sur le terrain, à faire plusieurs meetings et à débattre contre elle.

De Marseille à Figeac en passant par le Pas-de-Calais, pendant deux semaines, Emmanuel Macron a mené une campagne active pour aller chercher les voix du tiers des électeurs qui avaient voté pour la gauche au premier tour, et notamment celles qui s'étaient portées sur Yannick Jadot et Jean-Luc Mélenchon.

Il a tout d'abord cherché à réactiver le front républicain, en attaquant Marine Le Pen, sur le fond comme sur la forme. Sur le fond, il a particulièrement appuyé sur les liens de la candidate du Rassemblement national avec la Russie, la mettant en grande difficulté lors du fameux débat en évoquant sans détour le prêt d'une banque russe dont elle avait bénéficié pour financer sa campagne de 2017. Il a également cherché à la raccrocher à l'extrême droite, elle qui avait tout fait pour se recentrer depuis cinq ans. Il y est assez bien parvenu, notamment sur la question de la lutte contre l'immigration, mais aussi de la liberté de conscience. Il a ainsi défendu le droit des femmes musulmanes à porter le voile.

Sur la forme, il a réussi à démontrer sans difficulté sa grande supériorité technique, prouvant qu'il était non seulement capable de continuer à diriger le pays, mais surtout qu'il était celui qui avait le CV le plus solide, appuyé sur une formation prestigieuse, et qu'il cumulait bien plus d'expérience et de compétences que son adversaire.

Il n'a ainsi fait qu'une bouchée de Marine Le Pen. « Son équipe a négocié pendant des jours les conditions du débat, se battant notamment pour qu'il n'y ait pas de plans de coupe, mais aussi pour que le pouvoir d'achat soit le premier thème discuté entre les candidats », m'a raconté un des journalistes responsables de l'organisation du débat, quelques jours après celui-ci, avant d'ajouter : « Au final, on a bien commencé par le pouvoir d'achat, mais Emmanuel Macron a tout de suite prouvé qu'il maîtrisait mieux le sujet que sa concurrente. »

Sa supériorité était telle que le Président était presque goguenard pendant le débat, montrant par là son ascendant, menton posé sur la main et dodelinant de la tête en levant les yeux au ciel quand Marine Le Pen s'empêtrait dans son argumentation. Cette attitude, bien qu'arrogante, ne lui a pas porté préjudice, et il est apparu aux yeux de tous comme le grand gagnant de la confrontation. Paradoxalement, même Marine Le Pen semblait soulagée à l'issue du débat. « Elle était souriante et détendue, ravie de ne pas avoir perdu la face et d'avoir en quelque sorte lavé l'affront du débat de 2017 », m'a confié une des personnes présentes sur le plateau à l'issue de l'émission.

Sa contre-performance réelle a en tout cas dissuadé un grand nombre d'électeurs hésitants de voter pour elle ou de s'abstenir. La majorité des électeurs de gauche a même finalement voté pour Emmanuel Macron au second tour, car celui-ci a su leur parler dans les derniers jours de la campagne.

Sans vergogne, le candidat-président, qui avait commencé sa campagne à droite en annonçant sa volonté de rallonger l'âge de la retraite à soixante-cinq ans et de conditionner l'octroi des aides sociales, a fait évoluer son discours vers la gauche, pour convaincre les électeurs récalcitrants de Jean-Luc Mélenchon, Fabien Roussel, Yannick Jadot et Anne Hidalgo de voter pour lui.

Il a ainsi fait de nombreuses annonces en faveur du pouvoir d'achat des plus modestes, promettant de mettre en place une planification écologique comme le proposait Jean-Luc Mélenchon et allant jusqu'à reprendre à la tribune de ses meetings le slogan du Nouveau Parti Anticapitaliste : « Nos vies valent mieux que leurs profits. » Chapeau l'artiste !

Cette stratégie cynique n'a pas fonctionné lors des législatives, le camp présidentiel arrivant en tête mais ne parvenant pas à obtenir une majorité absolue à l'Assemblée nationale. Ce revers n'efface cependant pas l'incroyable réalité : sans mener de campagne, Emmanuel Macron a été réélu et dispose d'une majorité et d'un gouvernement – même fragiles – à sa disposition.

Dans ces conditions, difficile de blâmer la gauche, privée de ses ressources humaines, pillée idéologiquement, écrasée par ce rouleau-compresseur pendant cinq ans, et encore plus pendant les dernières semaines de campagne. Une gauche bien malmenée qui devait par ailleurs faire face à une radicalisation sans précédent du débat politique lui laissant peu de place pour exister.

Le PS piégé par la radicalisation du débat politique

Le Parti socialiste a dû faire face à une radicalisation du débat politique, qui lui a laissé peu de place pour exister pendant les campagnes présidentielle et législatives, mais aussi au cours des dernières années.

Cette radicalisation s'est d'abord observée à l'extrême droite, autour des figures d'Éric Zemmour et Marine Le Pen, mais aussi à gauche, avec la montée en puissance d'une gauche de plus en plus radicale.

L'extrême droitisation du débat

« Alors comme ça, tu connais Sarah Knafo ? » J'ai souvent dû répondre à cette question au cours des mois précédant l'élection présidentielle. Les journalistes se demandaient en effet à juste titre comment il était possible que je connaisse la compagne et directrice de campagne d'Éric Zemmour, le nouveau héros maurassien 3.0.

J'ai rencontré Sarah Knafo via Vijay Monany, un de mes anciens étudiants de Sciences Po, à peine plus jeune que moi, que je fréquente depuis plus de dix ans. Comme moi, il est passionné d'histoire, de littérature et de politique. Nous avons passé des soirées entières à refaire le monde, même si nous n'avons jamais eu les mêmes idées. Français né en Seine-Saint-Denis, dont les parents d'origine indienne ont émigré en France depuis Madagascar, Vijay a toujours été de droite. Sarkozyste jusqu'au bout des ongles en 2007 et en 2012, filloniste en 2017, il occupe depuis quelques années le poste de directeur de cabinet du maire du Blanc-Mesnil et a été élu conseiller départemental Les Républicains en 2015.

Il me parle un jour de Sarah Knafo, une jeune élève de l'ENA, particulièrement brillante, qui vient de Seine-Saint-Denis comme lui. Je découvre qu'elle connaît aussi très bien David Djaïz, sorti de l'ENA quelques années avant elle, un des esprits les plus brillants de sa génération, clairement positionné à gauche. Curieux, je finis par accepter de la rencontrer alors qu'elle s'apprête à rejoindre la Cour des comptes. Au Bonaparte, un café cossu de Saint-Germain-des-Prés, où elle vit, elle me parle de sa passion pour la politique, de sa proximité avec Henri Guaino, qu'elle a aidé lors de sa campagne malheureuse pour les législatives de 2017. Elle est drôle, cultivée, pleine d'énergie. Elle est de droite mais semble modérée. Elle ne me parle pas d'Éric Zemmour.

Sans devenir les meilleurs amis du monde, nous nous croisons régulièrement, elle vient même dîner chez moi avec des connaissances communes et nous

nous apprécions, sans doute parce que nous parlons très peu de politique. Elle finit par me proposer de participer au lancement d'une association pour la promotion de la littérature, qu'elle nomme Alexandre et Aristote. J'accepte d'enregistrer une vidéo sur un de mes livres préférés, *Chien blanc*, un roman de Romain Gary sur la lutte antiraciste. Nous sommes nombreux à accepter de jouer le jeu, du romancier Alexandre Gallien à Hubert Védrine, en passant par l'avocat Bertrand Périer. Jusque-là, rien à signaler.

Je tombe de ma chaise quelques mois plus tard, quand *L'Express* révèle qu'elle aide Éric Zemmour à préparer une candidature à l'élection présidentielle. Nous ne nous verrons quasiment plus par la suite, à mesure que cette idée se précisera, mais je ne serai cependant pas au bout de mes surprises quand je découvrirai plus tard, à la une de *Paris Match*, qu'elle est la compagne du polémiste et que mon ami Vijay est un des premiers orateurs du grand meeting de Villepinte qui doit lancer la campagne présidentielle.

Avec le recul, je trouve toujours aussi sidérant de ne pas avoir vu le coup venir. Sarah Knafo et Vijay Monany sont-ils racistes et xénophobes ? Le sont-ils devenus progressivement, s'auto-radicalisant, comme Doriot, Déat et Bergery avant le début de la Seconde Guerre mondiale ? Ai-je été trompé ? Je ne le crois pas. Nous avons commencé à nous fréquenter bien avant que l'hypothèse d'une candidature d'Éric Zemmour commence à circuler. L'avait-il lui-même en tête ? Je ne le saurai jamais, et peu importe finalement.

En revanche, ce cas d'école m'a conduit à m'interroger sur l'apparition du phénomène Zemmour et à le suivre de particulièrement près à partir de la fin de l'été 2021.

Reconnaissons-le, Éric Zemmour a fait une entrée en campagne tonitruante. Il a parfaitement su jouer avec ses atouts, ménager le suspense, faire monter le désir et enfin animer le débat jusqu'à la fin de l'année 2021. Il avait pour handicap de ne jamais avoir été candidat à une élection et de ne pas avoir de parti, comme Emmanuel Macron en 2017. Il avait pour lui une énorme notoriété médiatique et un style identifié de tous et apprécié d'un groupe de fans qui avait grossi allègrement au cours des dernières années.

« Éric, c'est le gars qui a fini par croire aux théories fumeuses qu'il inventait tous les matins en papotant avec ses collègues devant la machine à café », m'a affirmé un jour un de ses anciens confrères du *Figaro.* D'autres le pensent plus cynique que cela, comme ce journaliste passé par i>Télé au même moment que lui, pour qui « il a compris qu'il y avait un créneau à prendre, celui de polémiste outrancier de droite, dans un paysage médiatique plutôt dominé intellectuellement par la gauche ». Quoi qu'il en soit, il a réussi à bien creuser son sillon, sur i>Télé puis France 2 – avec une exposition maximale dans l'émission du samedi soir de Laurent Ruquier – et RTL – avant de s'en faire remercier et de revenir sur CNews par la grande porte, à la demande de Vincent Bolloré lui-même.

J'ai accepté une fois de débattre avec lui dans ce cadre. Le sujet portait sur les élites. Au bout de cinq minutes, il parlait déjà de l'immigration et de l'islam. Je m'étais moqué de son obsession, mais je devinais que mes arguments pour défendre la démocratie représentative ou refuser de participer au « tous pourris » auraient peu d'impact auprès de ses téléspectateurs habituels et je savais que les réactions que cela susciterait sur les réseaux sociaux ne seraient pas bonnes. Ce soir-là, comme chaque fois que j'ai pu le croiser, dans les coulisses de RTL, où j'ai été chroniqueur quelque temps, ou dans les couloirs de Paris Première, où il officiait aussi et où j'ai été invité plusieurs fois, il avait été délicieux, aimable, presque obséquieux, usant de la politesse et du langage bon teint et un peu suranné de la bourgeoisie conservatrice, ne disant pas un mot plus haut que l'autre, et remisant par-devers lui ses saillies xénophobes et antimusulmanes.

En quelques années, Éric Zemmour a construit un personnage médiatique « Zemmour », comme Donald Trump était devenu progressivement « Trump », sa propre marque. La marque Zemmour est devenue un des symboles du politiquement incorrect, et son héros a gagné la réputation d'être « celui qui dit tout haut ce que tout le monde pense tout bas », notamment sur la question de l'immigration et de l'égalité entre les femmes et les hommes, son autre obsession, ponctuant toutes ses saillies d'un « ben voyons », véritable gimmick pour ses partisans.

Ce positionnement s'est révélé particulièrement efficace à l'automne 2021, quand les médias étaient avides de rebondissements, et qu'ils n'en trouvaient pas vraiment du côté des ternes primaires écologistes et du congrès des Républicains. Il leur a fourni des provocations au quotidien, des clashs permanents, avec la complicité de certains autres dirigeants politiques, comme Jean-Luc Mélenchon, qui s'est habilement relancé en septembre en débattant contre lui sur BFM TV, alors que tout le monde s'y refusait. Record d'audience pour la chaîne et magnifique tremplin pour les deux débatteurs du soir qui se donnaient ainsi le privilège de lancer la campagne présidentielle.

Au final, la fusée Zemmour s'est envolée bien haut, montant jusqu'à 15 % dans certains sondages, pour finalement retomber assez bas, à 7 % (score dont aurait pourtant rêvé Valérie Pécresse, il faut le reconnaître). Éric Zemmour n'a pas su se tirer de la polémique suscitée par ses positions pro-Poutine (il voulait être le « Poutine français », avait-il dit) et de son manque de clairvoyance sur les projets du maître du Kremlin (à la veille de l'invasion de l'Ukraine, il affirmait encore doctement que celle-ci n'aurait jamais lieu). Il a également pâti du fait qu'il n'avait rien à dire en dehors de ses propositions mortifères sur la « remigration », et notamment rien à proposer sur le pouvoir d'achat, qui est progressivement devenu le principal sujet de préoccupation des Français, dans la dernière ligne droite de l'élection.

Il a perdu, mais il a fait beaucoup de mal, contribuant à installer dans le débat public des termes et idées d'extrême droite qui étaient jusqu'alors proscrits, comme celui de « grand remplacement ». Ce concept raciste et fumeux a même été repris par Valérie Pécresse pendant un meeting, ce qui a conduit à la chute de la candidate des Républicains, mais a entraîné la notoriété et la banalisation de l'expression.

Éric Zemmour a ainsi favorisé l'élargissement de la « fenêtre d'Overton », concept allégorique inventé par le politologue américain Joseph P. Overton pour situer l'ensemble des idées, opinions ou pratiques considérées comme plus ou moins acceptables dans l'opinion publique d'une société. Avec Éric Zemmour, l'acceptabilité des idées et propositions racistes et xénophobes s'est accrue dans notre pays, et la parole sur le sujet s'est largement libérée, dans les médias comme sur les réseaux sociaux.

C'est Marine Le Pen qui en a été la principale bénéficiaire. Son discours est d'un coup apparu comme modéré. Elle n'avait plus besoin de parler de l'immigration ni de l'islam en France et de mettre en avant ses propositions, pourtant très proches de celles d'Éric Zemmour. Celui-ci en faisait la promotion à sa place dans le débat public, et elle pouvait se concentrer sur la défense des classes populaires et le pouvoir d'achat de tous, deux thèmes largement abandonnés par les candidats de gauche, qui préféraient se concentrer sur l'écologie, la démocratie et la défense des services publics. Ce faisant, elle a largement asséché le réservoir politique de la gauche, qui a perdu son monopole historique sur ces thèmes et s'est retrouvée à jouer les seconds rôles, voire même les figurants, alors qu'il lui aurait fallu se reconstruire en proposant des solutions pour la justice sociale, comme elle l'avait toujours fait lors des élections précédentes.

La candidature d'Éric Zemmour a également permis à Marine Le Pen de continuer à normaliser son image. Sa mutation en vingt ans est impressionnante. Elle que l'on a découverte en 2002, vociférant contre Jean-Luc Mélenchon sur un plateau TV après la qualification de son père pour le second tour de l'élection présidentielle, joue un nouveau rôle, celui de la Française normale et sympathique, divorcée, aimant les chats, vivant en colocation avec sa meilleure amie, et n'étant pas la dernière à faire une bonne blague. Elle s'est « dé-lepénisée », lentement mais sûrement, finissant par retirer son nom de famille de son affiche de campagne au premier tour de l'élection présidentielle, où elle a fait un score plus haut qu'en 2017, avec plus de 8 millions de voix et 23 % des suffrages en 2022, contre 7,6 millions de voix et 21 % des suffrages lors de l'élection précédente. Au second tour, si elle a échoué, elle a recueilli plus de 13 millions de voix. Deux mois plus tard, aux élections législatives, son parti a obtenu quatre-vingt-neuf députés et deux de ses membres sont vice-présidents de l'Assemblée nationale. Un séisme !

Ainsi, contrairement aux pronostics de tous, et à la promesse d'Emmanuel Macron en 2017 de faire reculer l'extrême droite pendant son quinquennat, celle-ci a progressé en cinq ans. Au premier tour, si on cumule les voix de Marine Le Pen et Éric Zemmour, c'est plus de 10,5 millions de personnes qui ont voté pour des idées d'extrême droite. Si on y ajoute les voix de Nicolas Dupont-Aignan, on frôle les 12 millions. Terrifiant.

Les ressorts de cette dynamique sont malheureusement connus. Ce sont majoritairement les catégories les plus populaires, les citoyens les plus éloignés de l'emploi, du cœur des villes et de la métropole qui se réfugient dans le vote en faveur de l'extrême droite. Ce sont eux qui se sentent relégués dans la France périphérique, oubliés du partage des fruits de la croissance, perdants de la mondialisation, exclus du pacte républicain, qui pensent que les décisions sont prises par des dirigeants déconnectés de leurs problèmes et incapables de prendre les bonnes décisions pour les sortir du marasme et du sentiment d'exclusion qui les étreint au quotidien.

La force de l'extrême droite se voit dans les urnes depuis longtemps. En 1988, Jean-Marie Le Pen réunissait déjà 14,39 % des voix et arrivait en tête chez les ouvriers. Son poids électoral n'a fait qu'augmenter, jusqu'au basculement de 2002, quand il a réussi à atteindre le second tour. Quand j'étais à l'Élysée, j'ai vécu deux autres tournants symboliques qui m'ont laissé un bien mauvais souvenir.

Le premier, c'est quand le Front national est arrivé en tête des élections européennes de 2014, avec près de 25 % des voix. Quel choc ! Ce jour-là, François Hollande avait eu la drôle d'idée de se rendre en Corrèze en voiture pour voter. Sur le chemin du retour, il avait voulu respecter scrupuleusement le code de la route, de sorte que nous étions arrivés pile à 20 heures pour les résultats, qui étaient catastrophiques. Si nous avions vu le coup venir, nous avions malgré tout l'impression d'avoir pris un bus en pleine face. Dans le salon vert qui jouxte son bureau, le Président était blême. J'étais livide.

L'année suivante, Marine Le Pen et sa nièce Marion Maréchal-Le Pen manquaient de peu de remporter les élections régionales, dans les Hauts-de-France pour la première et en Provence-Alpes-Côte-d'Azur pour la seconde. Il s'en était fallu d'un rien, et notamment que François Hollande et Manuel Valls ne parviennent – après plusieurs coups de téléphone – à convaincre Christophe Castaner, alors socialiste, de ne pas se maintenir au second tour face à Marion Maréchal-Le Pen, ce qui aurait conduit inéluctablement à une victoire de la liste du Front national.

Nous l'avons échappé belle à l'époque, mais depuis, l'extrême droitisation des esprits n'a cessé de progresser sur fond de colère sociale, polarisant au maximum le débat politique et empêchant une opposition modérée, de gauche, de faire entendre sa voix face à un Emmanuel Macron qui n'a cessé de cultiver son face-à-face avec Marine Le Pen et le Rassemblement national.

Difficile, dans ces conditions, de peser dans le débat politique pour le Parti socialiste, d'autant plus que, sur sa gauche, il est confronté depuis plusieurs années à une autre forme de radicalité.

La radicalisation de la gauche

La radicalisation politique n'est pas l'apanage de l'extrême droite. La gauche n'y échappe plus depuis quelques années, et le phénomène a même tendance à se développer, sous des formes variées.

Les plus radicaux restent bien entendu les trotskystes, principalement ceux de Lutte ouvrière et du Nouveau Parti anticapitaliste. Ils proposent purement et simplement la rupture avec le capitalisme, et ne sont prêts à aucune concession sur le sujet. Lutte ouvrière défend ainsi « un renversement révolutionnaire de la société capitaliste par le prolétariat, pour bâtir un monde dirigé par la population elle-même ». Le but du NPA est de « rassembler toutes les forces qui veulent sortit de l'ère du profit, rompre avec le capitalisme, pour ouvrir la voie à une société inédite, démocratique et égalitaire, féministe et écologique ». Lors des dernières élections, en 2017 et 2022, LO et le NPA ont fait des scores anecdotiques, mais par le passé ils ont pu frôler les 10 %, notamment en 2002.

Jean-Luc Mélenchon leur a progressivement volé le monopole de la radicalité de gauche. Depuis 2008, son départ du Parti socialiste et la création du Parti de gauche, il a bâti méthodiquement une force politique originale, dont les idées sont particulièrement radicales.

En 2022, Jean-Luc Mélenchon proposait ainsi de « transformer en profondeur la société et construire l'harmonie des êtres humains entre eux et avec la nature », appelant les électeurs à bâtir un « avenir en commun » car « un autre monde est possible ». Il a ainsi capté l'imaginaire traditionnel de la gauche, fondé sur la formulation d'un espoir politique, la promesse d'un avenir meilleur. Partant de la lutte contre le capitalisme économique, il a élargi son horizon aux questions démocratiques et écologiques, sentant leur écho au sein du peuple de gauche et de la jeunesse, aspirant de ce fait la sève qui aurait pu nourrir les autres forces de gauche, notamment le PS. Le vieux parti n'avait dès lors plus qu'à regarder grandir ce nouvel adversaire.

Au-delà des slogans, il a proposé des ruptures assez radicales avec le système actuel : blocage des prix, augmentation du SMIC à 1 500 euros, retraite à soixante ans, surtaxation des hauts revenus, plafonnement des héritages à 120 000 euros par enfant et par parent, sortie totale du nucléaire, instauration d'une VIe République, etc.

Ce programme radical sur le fond s'accompagne d'une communication radicale sur la forme, qui, si elle s'est un peu assagie, reste encore particulièrement virulente. En 2010, Jean-Luc Mélenchon disait tout haut : « Je suis le bruit et la fureur, le tumulte et le fracas. » En 2017, il appelait à l'insoumission, trouvant son inspiration chez Chantal Mouffe, la théoricienne du populisme de gauche. En 2022, il a mis beaucoup d'eau dans son vin mais a continué à vociférer régulièrement contre ses adversaires, principalement Emmanuel Macron et Marine Le Pen, et a poussé au maximum la personnalisation de l'action politique, écrasant de son ego la campagne des législatives, au grand dam de ses partenaires de la Nupes, à commencer par le PS, privés de micro comme d'espace politique.

Dans le même temps, les cadres et militants de LFI ont développé des modes d'action tout à fait radicaux eux aussi. Pendant le mouvement des Gilets jaunes, ils ont été de façon continue aux côtés des principaux leaders du mouvement, notamment Jérôme Rodriguez, et François Ruffin a consacré un film aux manifestants, intitulé *J'veux du soleil*, sorti en 2019. C'est aussi un Insoumis, le journaliste Taha Bouhafs, qui, ayant filmé le collaborateur d'Emmanuel Macron s'en prenant à des manifestants lors de la traditionnelle manifestation du 1er-Mai, en 2018, est à l'origine de l'affaire Benalla. Plus largement, au cours des cinq dernières années, les Insoumis ont quasiment toujours été aux côtés des manifestants, comme par exemple lors des rassemblements organisés par le collectif « Justice pour Adama », mais aussi lors des manifestations pour le climat.

La radicalité s'est en effet aussi emparée de l'écologie. Au sein d'Europe-Écologie-Les-Verts, il s'en est fallu de peu que Sandrine Rousseau, militante féministe et écologiste radicale, n'emporte la primaire qui l'opposait au second tour à Yannick Jadot. Mais la radicalité écologiste s'est avant tout exprimée dans la rue, avec la multiplication des marches pour le climat, organisées dans le monde entier, à l'initiative de Greta Thunberg, ou encore avec les happenings du mouvement Extinction Rebellion, qui a par exemple occupé la place du Châtelet à Paris. Dans un autre genre, on pourrait aussi citer les attaques de boucherie par des militants radicaux du mouvement vegan.

Au-delà de l'écologie, on a plus globalement pu observer une augmentation des manifestations et occupations de l'espace public par des mouvements venus de la gauche de l'échiquier politique. C'est par exemple le cas des mouvements féministes, avec les mobilisations organisées par le collectif #NousToutes contre les violences faites aux femmes.

Ces modes d'action politique, en dehors des partis politiques traditionnels, se sont développés au cours des dernières années, mais ils ne sont cependant pas nouveaux. Les partis de gauche n'ont en effet jamais eu le monopole de la mobilisation citoyenne. Les partis avaient ainsi été marginalisés lors du mouvement de 1968. Ils étaient restés en marge du mouvement féministe des années 1970. La marche pour l'égalité et contre le racisme, surnommée

« marche des Beurs », en 1983, avait été organisée de façon autonome. L'association SOS Racisme, lancée avec la bienveillance de Mitterrand, s'en est progressivement affranchie au fil de son second septennat. Au début des années 2000, le mouvement des intermittents ou celui des étudiants contre le CPE étaient aussi largement autonomes.

Quand je travaillais avec François Hollande, nous avions dû compter avec l'essor de ces modes d'action. En octobre 2014, alors que le Président se rendait à la Maison de la Poésie à Paris pour assister à des ateliers d'écriture, nous avions ainsi vu débouler deux militantes Femen, seins nus, criant : « Nous ne sommes pas des exhibitionnistes ou des malades mentales, c'est un acte politique. » François Hollande avait réagi avec beaucoup de calme, répondant juste : « Vous êtes des féministes et je vous comprends », mais les images avaient fait le tour des télévisions et des réseaux sociaux pendant plusieurs jours.

Nous avons aussi dû faire face pendant de nombreuses semaines au mouvement Nuit debout, inspiré du mouvement des places qui avait essaimé dans le monde entier, notamment aux États-Unis avec le mouvement Occupy Wall Street ou en Espagne avec celui des Indignés. Tous les soirs, toutes les nuits, des jeunes, des travailleurs précaires, occupaient les places des grandes villes de France pour protester contre la loi travail, dite « El Khomri », du nom de la ministre du Travail, et aspiraient plus largement à inventer de nouvelles formes de production et de démocratie.

Nous étions franchement dépassés, suivant ce qui s'y passait minute par minute sur les réseaux sociaux et les chaînes d'information. Les policiers et observateurs présents sur place faisaient des rapports. Julien Dray, vieux compagnon de route de François Hollande, nous livrait le récit de ce qu'il voyait, sentant comme souvent la fièvre printanière et militante monter chez les jeunes. Des conseillers se rendaient sur place, presque déguisés, pour tenter de comprendre ce qui s'y disait. J'ai heureusement échappé à ce procédé ridicule, de peur d'être reconnu, mais j'étais bien en peine de conseiller à François Hollande la bonne attitude à tenir.

La loi travail avait été amendée, mais le gouvernement ne voulait pas renoncer au texte, qui faisait l'objet d'une sorte de surenchère libérale entre le Premier ministre Manuel Valls et le ministre de l'Économie Emmanuel Macron. François Hollande ne voulait pas reculer non plus et était peu convaincu par l'idée d'ouvrir une concertation officielle avec la jeunesse ou de lancer un chantier sur la participation citoyenne. Il ne croyait que dans les formes classiques du dialogue social, avec les syndicats, et n'attendait pas grand-chose des innovations démocratiques portées par les mouvements de jeunes, habitués des discussions sur les réseaux sociaux. Le PS était perdu, comme un lapin pris dans les phares d'une voiture. Il n'avait plus le mode d'emploi qui lui avait permis de cheminer avec les mouvements sociaux depuis un siècle, qui avait rendu possible la discussion avec les mouvements de lycéens et d'étudiants comme avec les associations antiracistes, notamment à la fin des années 1980, au moment de la mobilisation contre la loi Devaquet, ou au début des années 2000, lors des manifestations contre le contrat première embauche (CPE).

Ainsi, la radicalité politique s'est progressivement emparée de la droite comme de la gauche, répondant en écho à la radicalisation du débat médiatique, où, plus que jamais, c'est celui qui parle le plus fort qui semble avoir le plus de chances d'être entendu, laissant peu de place aux militants comme aux partis modérés de faire passer leurs idées.

La radicalisation du débat médiatique

La radicalisation du débat politique ne s'est pas observée que dans les urnes. Je l'ai aussi constatée à la télévision.

Invité régulier de CNews, je me suis retrouvé plus d'une fois dans des situations délicates, sur le plateau de Pascal Praud. Ancien journaliste sportif, passé par la direction du club de football de Nantes dont il est originaire, Pascal Praud s'est réinventé à cinquante ans pour devenir une sorte de tambour médiatique de la droite populaire, quand ce n'est pas des idées de l'extrême droite, portant lunettes rouges sur le bout du nez, costard ajusté et chaussures vernies. Tous les matins et tous les soirs, lui qui est pourtant subtil, nuancé et cultivé quand la caméra et les micros sont éteints pourfend le « politiquement correct », regrette « qu'on ne puisse plus rien dire » et soutient des thèses de la droite radicale, sans autre argument que « c'est évident » ou « on sait bien que ». Il m'a souvent invité pour remplir le rôle du seul homme de gauche du plateau, me prenant régulièrement à témoin pour critiquer François Hollande ou fustiger l'angélisme des socialistes. J'ai arrêté d'y aller au bout d'un moment, lassé des colères testostéronées de l'ancien patron de LCI et de l'Olympique de Marseille Jean-Claude Dassier autant que de l'obsession identitaire de l'éditorialiste du *Figaro* Ivan Rioufol. D'autres hommes de gauche, comme Laurent Joffrin ou Julien Dray, ont pris ma suite sur la chaîne.

J'ai cependant poussé le vice plus loin, en participant à l'émission hebdomadaire de débats *Balance ton post !*, présentée par Cyril Hanouna sur C8, autre chaîne dirigée par Vincent Bolloré, et consacrée à des questions politiques et de société. Je me souviens encore du jour où j'ai accepté de rejoindre son équipe, sans trop réfléchir. J'écoutais Mouloudji sur une route de montagne quand mon téléphone a sonné. « Salut mon Gaspard, c'est Cyril. Écoute, moi, j'ai très envie que tu rejoignes mon équipe à la rentrée. On passe en quotidienne. On va tout casser. Tu pourras parler de tout. T'apporteras ta personnalité, ton expertise. Je suis certain que tu vas adorer », me dit Cyril Hanouna, avant d'expliquer dans le détail ce qu'il attend de l'émission et de ses chroniqueurs.

Autour de la table, de fortes personnalités, telle Raquel Garrido, l'avocate de Jean-Luc Mélenchon, élue députée en juin dernier, le président de la Fédération française de rugby et ancien ministre Bernard Laporte, l'ancienne porte-parole des Républicains Laurence Saillet, l'éditorialiste Éric Naulleau et l'ancienne membre du Conseil supérieur de l'audiovisuel Christine Kelly. J'y ai également retrouvé Geoffroy Lejeune, directeur de la rédaction de *Valeurs actuelles* et chef de file d'une nouvelle génération de journalistes, aussi sympathiques dans les coulisses des studios que réactionnaires sur les plateaux, qui comprend notamment Tugdual Denis et Charlotte d'Ornellas, tous deux à *Valeurs actuelles*, mais aussi dans un autre style Louis de Raguenel, chef du service politique d'Europe 1, et Eugénie Bastié, du *Figaro*.

Le concept de l'émission se distingue peu des débats des autres chaînes de télévision ou de radio, des *Grandes Gueules* de RMC à *On refait le monde* de RTL en passant par les émissions du samedi soir de France 2, qui ont permis entre autres l'émergence d'Éric Zemmour, mais aussi d'Aymeric Caron, devenu député de La France insoumise en juin dernier, et les nombreux débats entre experts et éditorialistes des chaînes d'information. Mais le style et la personnalité de Cyril Hanouna changent tout. Maniant l'autodérision, l'humour et la provocation, s'exprimant simplement, comprenant parfaitement la mécanique des réseaux sociaux, il sent l'actualité et la société et sait faire monter la controverse, jusqu'à la limite du clash.

J'ai accepté et participé à une dizaine d'émissions avec lui. Au début, j'ai trouvé cela distrayant, compte tenu de la personnalité de Cyril Hanouna, qui ne cesse de rire, semble monté sur ressorts, et danse sur le plateau pendant les coupures publicitaires, tandis que son public crie en rythme « Baba, Baba » ou « L'animal », ses surnoms préférés. Et puis c'était intéressant, étant donné la personnalité et le sens de la formule des intervenants autant que la variété des sujets abordés. J'ai cependant vite déchanté, à mesure que je me rendais compte que j'étais surtout là pour jouer le rôle du modéré de service, pris entre les feux croisés de Raquel Garrido, à l'extrême gauche, et de Jean Messiha, à l'extrême droite. C'est clairement ce dernier qui occupait le plus souvent le centre de l'attention, balançant des énormités sur les musulmans et les immigrés sans vergogne, pour flatter les instincts les plus racistes de la société.

Cette radicalisation du débat public, je l'ai aussi vue de près sur les réseaux sociaux, où j'ai été régulièrement la cible de ce qu'on appelle la « fachosphère » pour désigner une horde d'individus anonymes, vulgaires et agressifs, qui avaient décidé de prendre François Hollande et son entourage pour cible pendant tout son quinquennat. Je les bloquais régulièrement sur les réseaux sociaux, afin de ne pas voir leurs messages, mais ils semblaient toujours revenir, plus nombreux. À l'époque, je n'ai pas été le plus à plaindre. Je n'étais pas en première ligne. D'autres ont été agressés beaucoup plus violemment, notamment Najat Vallaud-Belkacem, cible perpétuelle d'un acharnement inouï de la part des trolls racistes, qui ne pouvaient pas supporter qu'une jeune femme d'origine marocaine ait pu réussir par elle-même, grâce à son travail et à son intelligence.

En 2019, j'ai vécu une expérience singulière, qui m'a fait toucher d'encore plus près cette violence fasciste en ligne. J'avais déjà connu les moqueries, notamment en 2014, quand, le jour de mon arrivée à l'Élysée, une photo de moi fumant un joint avait été exhumée. J'avais déjà connu les insultes, mais rien de très grave. Le conflit des Gilets jaunes m'a donné l'occasion de découvrir le pouvoir du côté obscur de la force. Sur le plateau de CNews, après la diffusion des images d'une nouvelle agression des policiers par des manifestants, j'ai eu la bêtise d'ironiser sur le QI des agresseurs. Énorme erreur. L'ironie ne passe jamais à la télévision, surtout quand on a mon profil (énarque, ancien conseiller du pouvoir) et qu'on parle des Gilets jaunes. RT, la télévision du Kremlin en France, toujours prête à jeter de l'huile sur le feu, a isolé la séquence et l'a donnée en pâture aux réseaux sociaux. De nombreux comptes tenus par des militants d'extrême droite s'en sont saisis et j'ai pris la marée : des milliers de messages d'insultes en quelques heures. Je me suis bien sûr excusé mais cela n'a pas empêché certains énervés de venir manifester à la sortie de Sciences Po pour me régler mon compte. Ils auraient pu m'y trouver, car j'y enseigne régulièrement, mais ce jour-là je n'y étais pas.

Au-delà de cette anecdote personnelle, pendant cinq ans, j'ai clairement senti et observé une montée de la radicalité dans le pays, sur les réseaux sociaux, mais aussi dans les conversations, partout en France, y compris dans des milieux très favorisés. La radicalisation est un phénomène qui rassemble aujourd'hui de façon syncrétique des milieux populaires, qui expriment leur colère contre le système politique et économique qui les rejette, des classes moyennes, qui se sentent coincées, assignées à leur position sociale, frustrées de ne pas pouvoir évoluer professionnellement et personnellement, et des classes supérieures, qui ont conscience de la montée des inégalités et ont peur que la marmite sociale ne finisse par exploser.

Les attentats et crises à répétition – des Gilets jaunes au Covid – au cours des dernières années n'ont fait que renforcer le sentiment de chaos dans le pays, terreau fertile pour une montée de l'extrême droite, stimulée en outre par la persistance d'un chômage de masse, le retour de l'inflation et la montée des inégalités pendant le quinquennat d'Emmanuel Macron.

Le phénomène ne pouvait dès lors que se traduire dans les urnes. Le PS a donc des circonstances atténuantes. Mais il a aussi une part de responsabilité, notamment en la personne de celui qui fut pendant plus de dix ans le premier des socialistes, celui qui remporta l'élection de 2012 et incarna alors l'espoir d'un changement de gauche dans notre pays : François Hollande.

Le quinquennat de François Hollande, grandeur et décadence du PS

En 2012, François Hollande l'emportait. Sa victoire constituait la promesse d'un changement profond en France. Enfin, la gauche allait pouvoir diriger notre pays, après dix ans passés dans l'opposition.

Toutes les conditions semblaient réunies pour que la gauche réussisse. François Hollande était parvenu à unifier son camp, la droite était défaite, Nicolas Sarkozy quittait la scène. Surtout, la gauche avait tous les pouvoirs : le Président était de gauche, l'Assemblée nationale était à gauche, le Sénat – chose rare – était à gauche, la majorité des collectivités territoriales – régions, départements et grandes villes – étaient à gauche.

Et pourtant, rien ne s'est passé comme prévu. François Hollande s'est heurté aux circonstances – les guerres, les attentats, la crise économique et sociale – autant qu'aux divisions de sa majorité, n'arrivant jamais à clarifier sa ligne politique ni à maîtriser l'inexorable ascension des frondeurs, un petit groupe de parlementaires minoritaires qui ont su profiter des faiblesses du dispositif politique mis en place en 2012. Résultat, François Hollande n'a pas pu être candidat à sa réélection, et la gauche s'est effondrée lors de l'élection.

Cinq ans après le départ de François Hollande de l'Élysée, c'est mon tour de faire le bilan de son quinquennat. Je n'ai pas la prétention d'avoir l'objectivité de l'historien, mais j'ai maintenant plus de recul pour en analyser l'actif comme le passif. Le temps a fait son affaire.

Cinq ans, je persiste et je signe : François Hollande a été un grand président de la République, face à des crises exceptionnelles. Il a même été un grand président de gauche et nous n'avons pas à rougir de son bilan. Cependant, il a aussi commis des erreurs, de fond comme de communication, expliquant son échec et son impossibilité à se représenter à l'issue de son mandat, qui sont à la fois les causes et les conséquences de la déroute de la gauche que nous observons aujourd'hui.

Le changement, c'était maintenant

La façon la plus simple d'évaluer le bilan d'une action politique reste de voir si les engagements pris au moment de la campagne électorale ont été tenus. En l'occurrence, cela a été le cas. Plus de deux tiers des soixante mesures annoncées par le candidat François Hollande ont été mises en œuvre au cours de son quinquennat.

Parmi elles, on retient souvent à juste titre le mariage pour tous, la fin du cumul des mandats, la réduction de la part du nucléaire dans le mix énergétique, la retraite à soixante ans pour les carrières longues et le compte pénibilité pour ceux qui ont travaillé dans des conditions difficiles, la création des emplois d'avenir et du contrat de génération, ou encore la création de plusieurs dizaines de milliers de postes dans l'Éducation nationale.

On parle parfois de la généralisation du tiers payant et de la complémentaire santé, du remboursement à 100 % de l'IVG et de la gratuité de la contraception pour les mineures, ou encore de la maternelle pour tous à trois ans.

On cite moins souvent les premières mesures, qui concernent le soutien à l'économie et aux entreprises.

On a tendance à l'oublier, mais son premier engagement était la création d'une banque publique d'investissement. Promesse tenue dès le début de son quinquennat, et grande réussite, grâce au soutien continu des gouvernements depuis dix ans, et surtout grâce à l'énergie hors du commun de son directeur général, Nicolas Dufourcq, une boule de feu de cinquante ans, fan de musique électronique et manager hors du commun, que rien ne semble pouvoir arrêter. En une décennie, Bpifrance est devenu un outil exceptionnel au service du financement des entreprises, et notamment des start-up, une sorte de fonds de « venture capital » public et à la française, qui contribue à notre souveraineté économique à long terme. Et c'est la gauche qui en a eu l'idée.

Dans le même esprit, c'est aussi pendant le quinquennat hollandais qu'a été créée ce qu'on appelle aujourd'hui la « French Tech », sous l'impulsion initiale de Fleur Pellerin, excellente ministre en charge du numérique. Devenu ministre puis président, Emmanuel Macron a poursuivi le mouvement et aujourd'hui la France compte plusieurs licornes et de nombreuses pépites technologiques. Certes, nous n'avons pas encore notre Meta (ex-Facebook), notre Apple ou notre SpaceX, mais avec BlaBlaCar, Deezer, Doctolib, ManoMano, Meero, Sorare ou encore Veepee, la France peut se targuer de compter de très belles entreprises, futurs leaders européens ou mondiaux.

François Hollande aura donc été le Président qui aura enclenché le changement du rapport de la gauche aux entreprises. C'est pour le moins paradoxal, car en janvier 2012, au Bourget, lui qui était pourtant passé par HEC – qui forme la plupart des banquiers et dirigeants de grandes entreprises industrielles et commerciales en France – avait pris pour cible le monde de la finance et avait condamné ceux qui « aiment l'argent », se mettant ainsi dans les pas de François Mitterrand qui avait stigmatisé plusieurs décennies auparavant « l'argent qui corrompt ».

Ce n'est pas politiquement correct de le dire quand on est de gauche, pourtant, c'est sous le quinquennat de François Hollande que les choses ont commencé à changer en la matière. C'est en effet le président socialiste qui a décidé d'opérer un « choc de compétitivité » en 2014, en mettant en œuvre le « Pacte de responsabilité », une baisse sans précédent des charges des entreprises pour leur permettre de reconstituer leurs marges, et donc d'investir et d'embaucher pour se développer.

Au-delà de l'analyse comptable des engagements tenus, nombre de décisions et de réformes positives ont été menées, alors qu'elles n'étaient pas tranchées au départ, comme la création de la Haute Autorité pour la transparence de la vie publique, à la suite de l'embarrassante affaire Cahuzac, la hausse du SMIC, la revalorisation du point d'indice des fonctionnaires ou la création de la garantie jeune.

Sur le plan économique et social, la politique menée par François Hollande aura permis de redresser le pays, qui se portait bien mieux en 2017 qu'en 2012. Le déficit public est passé de plus de 5 % du PIB à moins de 3 %. Les comptes de la sécurité sociale sont revenus à l'équilibre. Le taux de marge des entreprises a augmenté de deux points et a retrouvé son niveau de 2008. Le nombre de créations nettes d'emplois a explosé. Le taux de croissance est passé de 0 % en 2012 à plus de 2 % en 2017. Enfin, la fameuse courbe du chômage a fini par être inversée, bien que trop tardivement, en 2016, et c'est Emmanuel Macron qui a récolté les fruits de la politique menée par son prédécesseur.

Mais l'analyse de l'actif du bilan de François Hollande ne saurait se limiter au passage au peigne fin des décisions prises sur le plan national et aux résultats obtenus dans les domaines économique, social et sociétal.

Personnellement, je trouve que c'est dans le domaine de la politique étrangère que son bilan a été le plus positif. J'avais pu observer de près notre diplomatie, pendant mon stage à l'ambassade de France au Mali, à l'époque où le gouvernement de Lionel Jospin tentait de mettre fin à la Françafrique et où le pays mandingue était un modèle de paix et de démocratie. J'ai fait mon retour au Quai d'Orsay dix ans plus tard en intégrant le cabinet de Laurent Fabius, en janvier 2013.

Devenu collaborateur de François Hollande en avril 2014, j'ai été surpris de voir à quel point les questions diplomatiques et militaires occupent l'agenda présidentiel. Plus de la moitié de son temps est consacrée à voyager, à recevoir ses homologues étrangers et à téléphoner aux dirigeants des cinq pays membres permanents du Conseil de sécurité. Le Président doit à la fois entretenir de bonnes et régulières relations avec les chefs d'État et de gouvernement du monde entier, et gérer des crises permanentes.

Pendant son quinquennat, François Hollande a été sur tous les fronts. Il a décidé d'envoyer des troupes au sol au Mali et en Centrafrique. Il a fait participer notre armée à des frappes aériennes en Syrie et en Irak. Il a œuvré pour la paix en Ukraine et permis la conclusion des accords de Minsk, en mettant autour de la même table Angela Merkel,

Petro Porochenko et Vladimir Poutine pour obtenir un cessez-le-feu. Chaque fois, « sa main n'a pas tremblé » et il a fait preuve d'une grande habileté, suscitant l'admiration des diplomates les plus chevronnés du Quai d'Orsay par les résultats concrets obtenus. Admirable tour de force pour celui qui, quand il a été élu, n'avait pourtant aucune expérience internationale.

Cette action diplomatique efficace s'est doublée d'une action résolue et continue au service de la construction européenne. L'illustration la plus marquante en a été son rôle joué pendant la crise grecque. Pour mémoire, à l'époque, le gouvernement grec avait menti sur la réalité de la situation de ses finances publiques, ce qui avait conduit à l'arrivée d'Aléxis Tsípras au pouvoir. Devenu Premier ministre, il avait décidé de soumettre au référendum l'accord de sauvetage négocié avec les autres États membres et la Commission. Le « non » l'avait emporté. Angela Merkel avait appelé François Hollande pour exprimer son mécontentement et sa volonté de sortir la Grèce de la zone euro. Sa colère froide se ressentait à l'autre bout du fil, même en plein été. Elle avait convaincu tous les autres États membres de la zone euro et les dirigeants des institutions européennes. La messe était dite, et en allemand. Pourtant, François Hollande, tel Henry Fonda dans *Douze hommes en colère* de Sidney Lumet, tint bon. Il s'opposa à cette mise à mort de la Grèce, réussit à retourner chaque dirigeant européen un par un, et contribua à l'adoption d'un meilleur accord quelques jours plus tard.

Cet épisode est rarement porté à son crédit. Pourtant, s'il n'avait pas tenu bon, la Grèce aurait quitté la zone euro, puis sans doute l'Union européenne. Le pays se serait enfoncé dans une crise politique et économique qui aurait fini par dégénérer sur le plan géopolitique, compte tenu des tensions existant avec la Turquie et du rôle clef joué par la péninsule hellénique dans la régulation des flux migratoires en Méditerranée. L'Europe ne serait pas sortie grandie de cet épisode, incapable de faire preuve de solidarité, et aurait accrédité l'idée selon laquelle elle n'est qu'un club de pays riches, dirigé par des technocrates et des financiers sans cœur.

Difficile dans le contexte de crises permanentes que connaît notre planète de procéder à des transformations de long terme de notre action diplomatique aussi bien que d'œuvrer à des changements durables dans le monde. Je pense cependant que François Hollande y est largement parvenu, dans le domaine essentiel de la lutte contre le changement climatique, avec le succès de la COP 21 et la conclusion de l'Accord de Paris. Ce n'était pourtant pas gagné d'avance.

Quand je travaillais à ses côtés, Laurent Fabius m'avait confié avec humour : « Nous avons été élus par la communauté internationale pour présider la COP 21, mais notre mérite est modeste : la France était le seul pays à candidater pour l'organiser. » Il faut dire qu'à l'époque, François Hollande était bien le seul à penser que cela pouvait être une bonne idée. Les COP précédentes avaient été des fiascos complets, notamment celle de Copenhague, en 2009, malgré les efforts conjugués de Barack Obama, Angela Merkel et Nicolas Sarkozy. Plus personne dans le monde ne croyait possible d'arriver à un accord et, en France, les questions environnementales étaient passées au second plan, loin derrière la lutte contre le terrorisme et le combat sisyphéen du gouvernement pour inverser la courbe du chômage.

Pendant trois ans, de septembre 2012 – date à laquelle la France a fait savoir qu'elle allait accueillir la COP 21 – à décembre 2015 – date retenue pour l'organisation de la conférence –, François Hollande et Laurent Fabius ont inlassablement sensibilisé leurs homologues étrangers et ont posé les bases d'un futur accord, avec le concours de Ségolène Royal, devenue ministre en charge de l'Écologie au printemps 2014, de Nicolas Hulot, envoyé spécial du Président pour la planète, et de Laurence Tubiana, ambassadrice chargée des négociations de la COP.

Alors que la conférence semblait enfin partie sur de bons rails, elle a failli être annulée, à moins de deux semaines de son ouverture, prévue pour le 30 novembre 2015. Les attentats de Paris et Saint-Denis du 13 novembre 2015 ayant plongé le pays dans l'effroi, tous les partis politiques d'opposition ont demandé son annulation ou son report, et les chefs d'État et de gouvernement semblaient d'un coup moins pressés de se réunir en région parisienne, où cent trente personnes venaient d'être sauvagement assassinées en pleine rue, dans des cafés et au Bataclan. Contre l'avis de tous, y compris d'une partie de son entourage, François Hollande a cependant décidé de maintenir la COP et a convaincu un à un ses homologues de venir à Paris, en leur expliquant que la meilleure réponse au terrorisme était sans doute de conclure un accord historique, pour préserver notre planète pour les générations futures.

La conférence a finalement bien eu lieu et, après d'ultimes discussions, notamment pour convaincre le Nicaragua, dernier pays réticent, l'accord a pu être conclu in extremis, donnant l'occasion à Laurent Fabius de l'annoncer, d'un coup de marteau vert, un sanglot étranglé dans la voix. Sept ans après, cet accord – dont l'objectif est de maintenir l'augmentation de la température moyenne de la planète bien en dessous des 2 °C par rapport aux niveaux préindustriels – continue d'être la référence mondiale.

Il y aurait encore beaucoup à dire pour illustrer l'actif du bilan de François Hollande, et je ne peux clore cette analyse sans dire un mot de la gestion des attentats, de 2014 à 2017. L'ensemble du quinquennat a été marqué par le sceau du terrorisme. Dès la campagne électorale, le terrorisme islamiste a frappé, à Toulouse et à Montauban. Le ton était donné. À partir de janvier 2015 et des attentats de *Charlie Hebdo*, de Montrouge et de l'Hyper Cacher, l'engrenage ne s'est pas arrêté avec les attentats du Thalys, de Saint-Quentin-Fallavier, Saint-Étienne du Rouvray, Magnanville, Villejuif, Paris et Saint-

Denis, Nice, et ce jusqu'à l'assassinat d'un policier, Xavier Jugelé, sur les Champs-Élysées, le 20 avril 2017, à trois jours du premier tour de l'élection présidentielle.

J'ai été aux côtés de François Hollande à chaque instant, pendant tous ces attentats. Chaque fois, j'ai été impressionné par son calme, son sang-froid, sa capacité à prendre les bonnes décisions et à trouver les mots justes. Avec Manuel Valls et Bernard Cazeneuve, ils ont formé un trio particulièrement efficace pendant toute cette période. Leur premier mérite a été de toujours dire la vérité. Ils ont fait le choix de la transparence. La consigne nous avait été donnée de dire tout ce que l'on savait, quasiment au fil de l'eau, pour ne pas nourrir de suspicion et poser la base d'une relation de confiance avec les Français.

« Il faut reconnaître qu'il y a eu des failles, dire qu'on fait tout pour les corriger, mais aussi attirer l'attention des Français sur le fait qu'il y aura d'autres attentats, que le risque zéro n'existe pas, même si nous faisons tout pour déjouer les projets des terroristes », me répétait inlassablement François Hollande pour me briefer sur le langage à tenir aux journalistes, avec qui j'étais constamment au téléphone.

Le Président et son gouvernement ont aussi fait le choix de l'action, musclant considérablement les moyens du renseignement, de la police et de la gendarmerie, décrétant l'état d'urgence, décidant d'aller frapper Daech en Syrie au nom de la légitime défense. Il n'y a quasiment eu aucune mauvaise décision prise à cette époque, hormis le projet d'étendre la déchéance de nationalité, sur lequel je reviendrai plus loin et qui a constitué un point de bascule irréversible vers le divorce avec le peuple de gauche, blessé politiquement et moralement.

Enfin, le chef de l'État a fait le choix de la concorde, du rassemblement. « Tu vas voir, les Français vont se retrouver, car l'essentiel est touché », m'avait-il dit au soir de l'attaque contre *Charlie Hebdo*. Il avait raison. Au moment où il prononçait ces mots, ils étaient déjà tous dehors, à Paris, place de la République, et partout dans le pays. Le 11 janvier, ils étaient plusieurs millions à manifester, et j'ai encore des frissons en pensant au moment où j'ai vu Angela Merkel, Benyamin Netanyahou, Mahmoud Abbas, Ibrahim Boubakar Keïta, Matteo Renzi, David Cameron et quasiment tous les chefs d'État et de gouvernement du monde entier s'installer en ligne et se prendre par les bras, boulevard Voltaire, dans le silence, avant qu'une *Marseillaise* retentisse, emportant la foule.

Quand les attentats se sont multipliés, il a été de plus en plus difficile d'empêcher la montée de la haine dans le pays. Mais nous ne sommes jamais tombés dans le piège tendu par les terroristes. Ce piège simple a été conçu et formulé explicitement par Abou Moussab al-Souri, l'inspirateur d'un « djihad de proximité », dont les moteurs sont la radicalisation réciproque de l'État et de la société contre les musulmans. Son idée est de pousser par le terrorisme à une stigmatisation des musulmans qui en retour se radicaliseraient contre l'État, enclenchant un cercle vicieux et mortifère.

Nous avons tenu bon, en n'assimilant jamais les musulmans aux terroristes, en répondant toujours par la fraternité, et la réaffirmation de nos valeurs républicaines, sans les dévoyer. Je repense encore souvent aux mots de François Hollande, dans la cour de la préfecture de Police de Paris, pour rendre hommage à Ahmed Merabet, ce policier tué par les terroristes boulevard Richard-Lenoir : « Ahmed Merabet, Français de confession musulmane, était très fier de représenter la police française, les valeurs de la République, la laïcité qui fait que dans notre pays toutes les croyances sont respectées, toutes les religions sont protégées, tous les citoyens, qu'ils croient ou qu'ils ne croient pas, vivent ensemble la laïcité pour laquelle Ahmed Merabet est également tombé. Lui savait mieux que quiconque que l'islamisme radical n'a rien à voir avec l'islam et que le fanatisme tue les musulmans. »

Redressement du pays dans la justice, réformes sociétales, politique étrangère, défense de l'Europe, lutte contre le réchauffement climatique, résistance face au terrorisme, voici un beau bilan, qui mérite d'être défendu.

On aurait pu y ajouter en souriant un certain art pour débusquer les talents et bien s'entourer. N'est-ce pas François Hollande qui a permis à Emmanuel

Macron de devenir son conseiller puis ministre de l'Économie, à seulement trente-sept ans, lui ouvrant ainsi la voie pour accéder à l'Élysée ?

Les illusions perdues

Emmanuel Macron est devenu président de la République en 2017 parce que François Hollande ne s'est pas représenté, en raison de sa forte impopularité et de la contestation de sa politique par son propre camp. Par ailleurs, si d'un point de vue factuel et comptable son bilan est plutôt bon, sa perception a été mauvaise, de sorte que, aujourd'hui encore, il est perçu négativement par la majorité des Français. Comment l'expliquer ?

Tout d'abord, des promesses n'ont pas été tenues. Je pense en particulier à la réforme du statut pénal du chef de l'État, à l'introduction de la proportionnelle pour les élections législatives, et au droit de vote pour les étrangers aux élections locales. Quand je l'interrogeais sur le sujet, François Hollande me répondait toujours qu'il ne disposait pas de la majorité au Parlement pour y parvenir et plus largement que l'opinion publique n'y était pas favorable. C'est possible, mais je pense aussi qu'il n'était lui-même pas favorable au fond à ces réformes, surtout à la proportionnelle.

Je l'ai entendu maintes fois rappeler à ses interlocuteurs son attachement au scrutin majoritaire, qu'il estime indispensable pour rendre le pays gouvernable. À titre personnel, je n'en suis pas persuadé, et je pense surtout que ce mode de scrutin débouche sur l'élection de majorités pléthoriques et ingérables, sans rapport avec l'état de l'opinion publique dans le pays.

La mauvaise perception du bilan de François Hollande s'explique ensuite parce que des erreurs ont été commises. La principale est d'avoir élaboré un projet de révision constitutionnelle prévoyant l'extension de la déchéance de nationalité.

« Nous devons pouvoir déchoir de sa nationalité française un individu condamné pour une atteinte aux intérêts fondamentaux de la Nation ou un acte de terrorisme, même s'il est né français, je dis bien même s'il est né français dès lors qu'il bénéficie d'une autre nationalité », avait dit François Hollande quelques jours après les attentats du 13 novembre 2015 devant les parlementaires réunis en congrès à Versailles.

J'étais tombé de ma chaise en découvrant cette mesure dans le projet de discours dont j'avais eu connaissance peu de temps avant qu'il ne soit prononcé. Elle avait été introduite dans le dispositif après une discussion en conclave entre François Hollande, Manuel Valls, Bernard Cazeneuve et Marc Guillaume, le secrétaire général du gouvernement. Qui avait eu l'idée ? Je ne le sais toujours pas. Mais j'étais catastrophé, car il s'agissait d'une idée portée habituellement par la droite et l'extrême droite, si peu conforme à l'ADN de la gauche.

Cependant, à ma grande surprise, pendant le discours, personne n'a moufté et les parlementaires présents, de droite comme de gauche, ont applaudi debout. Par la suite, seule George Pau-Langevin, alors ministre des Outre-mer, a protesté quand la mesure a été présentée en Conseil des ministres. Aucune critique, aucun débat pendant de longues semaines. Et tout a explosé au lendemain des élections régionales.

Nous aurions alors dû renoncer immédiatement, devant la bronca suscitée par le projet de loi constitutionnelle. L'annonce avait pour but de montrer à la droite que ses propositions seraient étudiées, sans a priori, mais réviser la Constitution pour cela n'avait aucun sens. Cette idée est devenue le symbole d'une dérive droitière ainsi que d'une forme de défaite politique et morale vis-à-vis de l'extrême droite et de la dérive identitaire qui avait saisi le pays. Si François Hollande l'a compris dès janvier 2016, il a encore cherché à trouver un compromis, avant de renoncer, mais le mal était fait.

L'année 2016 a été l'occasion d'une deuxième erreur, tant sur la forme que sur le fond, avec la loi travail. Personnellement, ayant commencé ma carrière administrative au ministère du Travail, je pense bien entendu que l'on peut faire évoluer le droit du travail pour tenir compte des besoins des entreprises et des salariés. Cependant, il n'est envisageable de le faire qu'avec l'assentiment des partenaires sociaux. Or cela n'a pas été le cas pour préparer ce projet de loi.

C'est le gouvernement qui l'a élaboré dans son coin, sans tenir compte de l'avis des syndicats, et en laissant Manuel Valls et Emmanuel Macron se livrer à une surenchère libérale. L'un comme l'autre voulaient apparaître comme le plus « moderne », le plus proche des entreprises. La pauvre Myriam El Khomri, femme de valeurs, talentueuse et honnête, dont j'avais fait la connaissance à l'Hôtel de Ville, n'a pas eu son mot à dire. De surcroît, non seulement les syndicats n'ont pas été associés, mais en plus le gouvernement a laissé entendre dès la présentation du projet que le recours au 49.3 était envisagé. C'était d'une brutalité inouïe sur la forme, une vraie provocation.

Sur le fond, le contenu du projet de loi posait aussi problème car il faisait trop pencher la balance du côté de la flexibilité et pas assez du côté de la sécurité. Or il ne faut jamais oublier que la relation de travail est une relation hiérarchique, entre un patron et des salariés, et que s'il est important de prendre en compte le besoin de souplesse des entreprises, cela doit toujours se faire de façon équilibrée. Ce n'était pas le cas en l'occurrence, notamment dans la première mouture du projet, amendée principalement à la demande de la CFDT, qui avait toujours été un partenaire constructif pour François Hollande mais avait estimé cette fois, à juste titre, que la ligne jaune avait été franchie.

Au-delà de ces deux erreurs majeures, qui ont désorienté le peuple de gauche et affaibli irrémédiablement le PS, il faut aussi reconnaître des occasions manquées et des malentendus. Sur l'Europe, la réorientation de la construction européenne sur le plan économique n'a pas eu lieu. Certes, dès son élection, François Hollande avait obtenu un plan d'investissement massif pour la croissance, mais aucun assouplissement important des règles du pacte de stabilité et de croissance, notamment en matière de réduction de la dette et des déficits publics. Cela peut prêter à sourire aujourd'hui : le déficit et la dette ont explosé et plus personne en Europe ne songe à respecter ces règles d'un autre temps.

Quoi qu'il en soit, pour rester dans les clous européens, le gouvernement a dû alors augmenter assez considérablement les impôts au début du quinquennat, créant un sentiment de « ras-le-bol fiscal ». François Hollande me disait souvent qu'il avait pourtant prévenu les Français qu'il procéderait à cette augmentation « dans la justice ». Il avait raison. C'était écrit dans son programme. Le problème, c'est que les gens ne sont jamais d'accord pour voir leurs impôts augmenter. Ceux des autres éventuellement, mais les leurs certainement pas.

Cette hausse de la pression fiscale a permis de réduire les inégalités, et de réduire la dette et les déficits, mais elle a créé un divorce avec les classes moyennes et les élites économiques. À la fin du quinquennat, l'impôt sur le revenu a été baissé pour les plus modestes, mais il était malheureusement trop tard.

Autre occasion manquée, la gestion de la crise des réfugiés. Le 2 septembre 2015, Aylan Kurdi, un Kurde de trois ans, est retrouvé mort sur une plage turque. La photo du corps de l'enfant, joue contre le sable humide, vêtu d'un T-shirt rouge trempé, fait le tour du monde en quelques heures et relance le débat sur la politique migratoire en Europe. Angela Merkel décide d'ouvrir les frontières de l'Allemagne, alors que ses voisins d'Europe centrale les ferment drastiquement. Au final, en 2015, l'Allemagne accueille plus d'un million de réfugiés, un record.

Pendant ce temps-là, le moins que l'on puisse dire, c'est que la France, comme tétanisée, fait preuve de prudence et accueille des réfugiés au compte-gouttes. Je me suis longtemps demandé pourquoi François Hollande n'avait pas eu la même audace qu'Angela Merkel. Sans doute a-t-il dû penser que c'était démagogique, car l'état économique du pays ne permettait pas de déployer la même solidarité que les Allemands. Par ailleurs, il a dû subir la pression de son Premier ministre, Manuel Valls, partisan d'une ligne d'une grande fermeté sur les questions migratoires, comme il l'avait déjà prouvé à l'occasion du pataquès de l'affaire Leonarda, du nom de cette adolescente reconduite à la frontière, qui avait suscité une telle polémique au sein du gouvernement de Jean-Marc Ayrault que François Hollande avait dû prendre la parole lui-même pour trancher le conflit, ce qui n'était à l'évidence pas son rôle.

Enfin, comme son Premier ministre et comme beaucoup de socialistes, François Hollande était surtout inquiet de la montée de l'extrême droite, qui venait d'arriver en tête aux élections européennes de 2014, recueillant un quart des suffrages. Du jamais vu. Une grande partie de la gauche pensait alors que seule la fermeté sur les questions migratoires permettrait de ne pas être taxé d'angélisme. C'est absurde car ce n'est pas en cédant à ses adversaires sur le terrain des principes fondamentaux – le droit d'asile en l'occurrence – que l'on parvient à lutter efficacement contre eux.

Il y a eu d'autres occasions manquées, notamment dans le domaine sociétal, comme le refus d'ouvrir le débat sur le PMA pour toutes, évoqué lors de la campagne de 2012 mais que François Hollande pensait trop éruptif après les tensions observées pendant l'adoption du mariage pour tous, ou sur la dépénalisation du cannabis. Le Président y était à l'époque opposé. Il y est aujourd'hui favorable, ce qui est une bonne nouvelle, mais c'est malheureusement trop tard. De même, sur le droit à mourir dans la dignité, une réforme a été adoptée, mais elle n'est sans doute pas allée assez loin.

Au-delà des promesses non tenues, des erreurs commises et des occasions manquées, la mauvaise perception du bilan hollandais s'explique enfin par la difficulté qu'il a eue à assumer sa façon originale de présider et son tournant idéologique social-démocrate.

Le président gentilhomme

François Hollande avait fait campagne sur le thème de la présidence normale. C'était une idée assez géniale, pour s'opposer à l'hyper-présidence de Nicolas Sarkozy. Comme François Hollande me le disait souvent : « J'ai été élu avant tout parce que les Français voulaient changer de président, j'ai été élu contre quelqu'un plus que pour moi ou mon programme. »

Cette idée d'une présidence normale répondait en outre à une aspiration profonde d'une partie de la gauche, d'inspiration parlementaire, qui n'aime pas les excès présidentialistes de la Ve République, la dimension monarchique et bonapartiste de notre système institutionnel et politique.

Vouloir mettre en œuvre une présidence normale était finalement d'une grande modernité. Notre époque salue en effet toujours le charisme et l'autorité naturelle des leaders, mais, au quotidien, dans nos vies professionnelles, c'est bien le collectif qui fait la preuve de son efficacité. C'est par la délibération, par l'échange d'idées en groupe – le « brainstorming », comme on dit souvent en entreprise –, par la délégation du pouvoir et des responsabilités que l'on fait avancer des projets. Il n'y a pas une organisation dans le monde qui fonctionne en s'appuyant sur un patron qui décide de tout tout seul.

Malheureusement, ce concept n'a pas réussi à prospérer une fois François Hollande à l'Élysée. La présidence normale a offert un angle d'attaque permanent à ses adversaires, notamment à la droite, qui n'a cessé de se moquer du nouveau président pour mettre en cause sa légitimité et sa crédibilité. Tout le monde a fini par reprendre le refrain, parfois de façon absurde. Mais l'idée est passée, et même restée.

On m'en parle encore aujourd'hui. Dans la même phrase, certains peuvent critiquer l'hyper-présidence de Nicolas Sarkozy et la présidence jupitérienne d'Emmanuel Macron tout en levant les yeux au ciel à l'évocation du ridicule de la présidence normale de François Hollande. Pour l'illustrer, ils prennent toujours les mêmes exemples, citant sa cravate qui aurait été plus de travers que les autres, ou la pluie plus fréquente sous son quinquennat.

François Hollande a une part de responsabilité dans cette situation. Il aurait dû assumer davantage la normalité de sa présidence. Oui, un président peut se déplacer en train, se départir des lourdeurs du protocole et remettre en cause le faste des dîners d'État. Oui, il a eu raison de diminuer sa rémunération de président en arrivant au pouvoir ou de réduire le budget de l'Élysée. Il aurait fallu le clamer haut et fort plus souvent et renvoyer dans les cordes ceux qui pensaient le contraire.

De même, je pense que François Hollande aurait pu assumer davantage l'orientation sociale-démocrate de son quinquennat. Pendant la campagne, j'ai rappelé plus haut que pour rallier à lui la gauche du PS, puis la gauche de la gauche, il a pris des accents très anticapitalistes, notamment pour mettre en cause le monde de la finance ou s'en prendre à ceux qui avaient de hauts revenus. La taxe à 75 % a été le symbole ultime de cette stratégie ; « Cuba, mais sans le soleil », comme aimait le répéter Emmanuel Macron quand il était conseiller à l'Élysée. C'était à l'évidence une posture tactique, car, pour avoir parlé des centaines d'heures avec lui, je ne crois pas qu'il soit contre le système capitaliste ou qu'il ait eu l'intention de vraiment mettre au pas la finance.

Une fois élu, il est d'ailleurs sorti de cette ambiguïté par les actes, plus que par les mots, en ne provoquant pas de bras de fer avec la Commission européenne et l'Allemagne sur le pacte de stabilité, en donnant la priorité au redressement des comptes publics ou en décidant de mettre en œuvre une politique de l'offre, tournée vers les entreprises, sources d'investissement et de créations d'emplois.

Il a fait le choix d'ancrer le socialisme dans une économie libérale et capitaliste, en s'appuyant en outre sur les organisations syndicales. C'est l'essence même de la social-démocratie, telle qu'elle existe depuis la fin du XIXe siècle, et telle qu'elle fonctionne avec beaucoup d'efficacité en Allemagne et dans les pays scandinaves. En quelque sorte, à l'instar de M. Jourdain qui faisait de la prose sans le savoir, François Hollande menait une politique sociale-démocrate sans l'assumer vraiment.

De là est née la tension permanente avec une partie de la majorité parlementaire pendant tout le quinquennat. C'est pour cette raison que la fronde d'un groupe minoritaire a été si efficace. Celle-ci pouvait s'appuyer légitimement sur une campagne qui n'avait pas permis de trancher clairement l'orientation politique du quinquennat, et sur une réorientation progressive – de facto – de la politique dans le sens d'une ligne sociale-démocrate.

Quand la fronde a commencé à prendre de l'ampleur, à partir de 2014 et de la nomination de Manuel Valls à Matignon, François Hollande n'a pas voulu s'en charger lui-même. Il estimait que c'était le rôle du Premier ministre, et accessoirement du président du groupe socialiste à l'Assemblée, Bruno Le Roux, et du premier secrétaire du parti, Jean-Christophe Cambadélis, de rappeler les troupes à l'ordre et de préserver l'unité. Ayant été patron du PS pendant plus de dix ans, il voulait passer à autre chose. « J'ai déjà donné », me disait-il souvent en levant les yeux au ciel ou en soupirant. Il avait en outre conscience que les journalistes l'attendaient au tournant sur le sujet : pour eux, il était toujours le premier secrétaire, plus que le Président, et ils avaient envie de l'enfermer dans ce rôle, de lui coller cette image pour toujours.

François Hollande avait tort, car, en réalité, lui seul disposait d'une légitimité politique assez forte doublée d'une connaissance assez fine des arcanes du PS comme des personnalités de ses dirigeants pour calmer la fronde. Au fond, les frondeurs demandaient surtout que l'on écoute leurs critiques, de la considération pour leurs idées et de la reconnaissance pour leurs propositions de la part du chef de l'État qui refusait de leur donner le temps dont ils avaient besoin. On a souvent dit que François Hollande avait manqué d'autorité vis-à-vis des frondeurs. Je pense qu'il a surtout manqué d'envie pour s'en occuper. Toujours est-il que là encore le mal était fait : le PS est apparu désuni et affaibli, avec un chef contesté par ses propres troupes, alors même que le parti était enfin au pouvoir et aurait dû briller de tous ses feux.

Au-delà de cette fronde parlementaire, un malentendu et parfois même un malaise se sont installés dans la relation avec le peuple de gauche qui avait voté pour François Hollande en 2012, qui ne comprenait pas le sens de la politique conduite et ne retrouvait pas les marqueurs auxquels il était attaché. Ainsi, par exemple, le discours sur la priorité à donner à la lutte contre les inégalités sociales, sur la nécessité d'avoir la justice sociale comme principal horizon, sur l'urgence à lutter contre toutes les formes de discrimination, notamment en fonction du sexe, de l'origine, de la couleur de peau ou de la religion, s'est progressivement effacé au profit d'une rhétorique très libérale et pro-business.

Dans ce registre, il faut dire que François Hollande n'a pas été aidé par Manuel Valls et Emmanuel Macron, lancés dans une concurrence permanente pour démontrer leur proximité avec les entreprises. Le Premier ministre est allé par exemple jusqu'à répéter dix fois « J'aime l'entreprise » lors d'un discours prononcé devant l'université d'été du Medef. Le ministre de l'Économie a quant à lui régulièrement mis en cause certains acquis fondamentaux de la gauche comme la réduction du temps de travail.

Dans l'entourage de François Hollande, quelques-uns, comme Stéphane Le Foll, le priaient régulièrement de rappeler à l'ordre Manuel Valls et Emmanuel Macron, de les mettre au pas. Il ne le faisait que rarement, quand la ligne rouge avait vraiment été trop allègrement franchie. Manuel Valls fut ainsi remis à sa place quand il exprima des doutes sur le port du voile à l'université et eut le droit à une leçon sur la bonne définition et l'application de la laïcité. Emmanuel Macron eut pour sa part le droit à un « Il sait ce qu'il me doit » quand il déclara dans la presse « qu'il n'était pas l'obligé du Président » qui l'avait pourtant nommé.

D'autres proches du Président le poussaient au contraire à assumer le dépassement du PS. Ce fut le cas de Philippe Grangeon et Robert Zarader, visiteurs réguliers du samedi matin à l'Élysée, mais aussi de Julien Dray. Chacun à leur manière, avec leurs mots, ils tentaient de convaincre François Hollande de refonder la gauche, pour en faire une forme de grand parti démocrate, attirant à lui, selon l'expression de l'un d'entre eux, « toutes les femmes et tous les hommes de bonne volonté ». François Hollande répondait « oui, oui », ce qui voulait dire « non ». Et pendant ce temps-là, Emmanuel Macron fondait En marche.

Un communicant ne devrait pas dire ça

Je ne peux bien sûr pas clore ce chapitre sans dire un mot de la communication du Président. À l'évidence, celle-ci n'a pas été optimale pendant le quinquennat, et j'en suis responsable en partie, puisque j'en avais la charge pendant trois ans, de 2014 à 2017.

Quand je suis arrivé, le mal était déjà largement fait. La presse s'était retournée contre le Président dès l'été 2012, appliquant à la lettre l'adage « lécher, lâcher, lyncher ». Cela avait surpris François Hollande, qui avait toujours entretenu de bons rapports avec elle au cours des années précédentes. Il m'a souvent confié sa surprise que les organes de gauche, y compris *Le Nouvel Observateur* et *Libération*, deux journaux dirigés par son ami Laurent Joffrin, se retournent si vite contre lui, s'interrogeant en une sur l'amateurisme ou la nullité de l'action conduite, alors que quelques semaines seulement s'étaient écoulées depuis le début du quinquennat.

Par la suite, il a eu tendance à donner le bâton pour se faire battre. La gestion de sa vie privée l'a exposé à la presse people, qui s'en est donné à cœur joie. Je n'étais pas là quand *Closer* a révélé qu'il se rendait régulièrement rue du Cirque pour aller voir sa dulcinée, mais j'ai en revanche eu à subir de beaux épisodes, comme une photo au bord de sa piscine dans le sud de la France, dans un lieu de vacances pourtant censé rester secret, des photos prises avec Julie Gayet dans l'enceinte même de l'Élysée et dans le jardin du pavillon de la Lanterne, et bien sûr la publication du livre *Merci pour ce moment*, de Valérie Trierweiler, une des séquences les plus embarrassantes du quinquennat, fatale pour l'image du Président.

La publication du livre de Gérard Davet et Fabrice Lhomme, *Un président ne devrait pas dire ça*, a été l'épisode de trop. Quand je suis arrivé,

François Hollande m'a tout de suite dit qu'il avait engagé un travail d'entretien au long cours avec les deux journalistes du *Monde*, qui avaient réussi à s'installer dans la durée, avec une grande habileté, jouant aux bons copains avec lui. Un jour, ils venaient le voir pour regarder un match de football à la télévision, un autre c'était pour partager un dîner. Pendant ce temps-là, ils enregistraient tout.

Je n'assistais pas à leurs rendez-vous. C'était une des conditions qu'ils avaient posées. Et je dois dire que je n'étais pas tranquille, notamment quand ils ont mis en difficulté le secrétaire général de l'Élysée, Jean-Pierre Jouyet. Je me suis alors permis de le dire plusieurs fois au Président, mais celui-ci était très confiant et pensait que la publication du livre serait un moment positif. À l'évidence, cela n'a pas été le cas.

De mon côté, j'ai aussi fait des erreurs. Tout d'abord, je n'ai pas réussi à le convaincre de moins se focaliser sur l'écriture de ses discours. Il en faisait plusieurs par jour, toujours très longs et complets, et ses conseillers s'arrachaient les cheveux tant les versions et les allers-retours étaient nombreux. Il fallait en permanence tout recommencer. Les feuilles revenaient barrées de commentaires en pagaille et de grands traits bleus pour rayer des pages entières. Malgré le travail d'écriture colossal qu'ils représentaient, la plupart de ces discours n'ont pas marqué les esprits, car plus personne aujourd'hui n'écoute en intégralité ce genre d'allocutions solennelles. À l'heure des réseaux sociaux, qu'on s'en réjouisse ou qu'on le déplore, un tweet ou une image ont bien plus d'importance, et, sans renoncer à faire de temps en temps de longues interventions, il faut savoir épouser le rythme de l'époque, qui donne l'avantage à la rapidité et à la concision. Je ne suis que rarement parvenu à trouver les bons arguments pour en convaincre François Hollande.

Ensuite, si j'assume l'avoir conduit à donner souvent des interviews sur des matinales radio ou avoir opté pour des formats originaux, comme *Le Supplément* de Canal + ou Konbini, je l'ai aussi parfois mis dans des situations embarrassantes, notamment quand nous avons décidé de diffuser en direct sur Twitter une réunion avec des salariés de l'entreprise Showroomprivé, déclenchant un torrent de commentaires négatifs et d'insultes sur le réseau social.

Par ailleurs, je n'ai pas réussi à suggérer les bons mots pour écrire le récit du quinquennat sur le long terme, trop focalisé sur la gestion du court terme, notamment de la communication en matière de lutte contre le terrorisme. J'avais trop le nez dans le guidon.

Mais mon principal regret est de n'avoir pas réussi à faire voir aux Français François Hollande tel qu'il était, d'une rare intelligence, travailleur, profondément honnête et incroyablement drôle. Je ne sais pas si, compte tenu du contexte, il était réellement possible de diffuser une telle image de lui, mais quoi qu'il en soit je dois reconnaître que je n'y suis pas parvenu.

Même si j'ai pu formuler des critiques, c'est toujours la fierté d'avoir travaillé pour François Hollande qui l'emporte pour moi. Il a été un grand président et un jour l'histoire lui rendra justice. À court terme, c'est cependant la déception et la rancœur qui l'ont emporté chez les électeurs de gauche, qui ont alors durement sanctionné Benoît Hamon, le candidat du PS en 2017.

2017, la débâcle

Un caban sombre sur le dos, le visage rosi par le froid coupant de l'hiver, le regard aussi bleu qu'apeuré, il monte les marches du perron d'un pas timide, sous le crépitement des flashs des photographes installés dans la cour pour l'occasion. Nous sommes au début du mois de février 2017 et Benoît Hamon vient de gagner la primaire organisée par le PS. Il arrive à l'Élysée pour s'entretenir avec le Président.

Après une heure d'entretien, il ressort, visiblement plus détendu, et adresse quelques mots aux journalistes. Il parle des acquis du quinquennat de François Hollande, salue l'expérience du Président, rappelle qu'il a appartenu à son gouvernement et qu'ils sont de la même famille politique.

Quand je résume au chef de l'État ce que vient de dire l'impétrant, il me rétorque, pas dupe : « On va voir combien de temps il tiendra avant de redevenir frondeur… »

François Hollande avait vu juste. Pendant toute la campagne, Benoît Hamon a oscillé entre deux postures, celle de la loyauté au Président et au PS, et celle de l'affranchissement bravache qu'il avait cultivée au cours des dernières années.

C'est dommage, car, au risque de surprendre, je pense que Benoît Hamon aurait pu gagner l'élection présidentielle de 2017, mais il a été rattrapé par ses démons, et il s'est effondré, recueillant seulement 6 % des voix au premier tour.

L'ascension

La première fois que j'ai rencontré Benoît Hamon, c'était en mai 2012, le jour de la victoire de François Hollande. J'étais avenue de Ségur, dans un couloir du QG de campagne. On entendait à travers la porte de la grande salle de réunion les éclats de voix des dirigeants du PS qui y tenaient un conseil. Il était environ 19 h 30. Il m'a semblé reconnaître celle de Pierre Moscovici, directeur de campagne. Il s'adressait à François Hollande, qui était au téléphone depuis son bureau de président du conseil départemental de Corrèze, à Tulle : « François, je suis avec les amis, à ton QG, j'ai mis le haut-parleur. Alors ? On peut te féliciter ? » Je n'ai pas eu le temps d'entendre la réponse : une clameur a fait vrombir la pièce.

Bertrand Delanoë, dont j'étais le conseiller à l'époque, est sorti, tout sourire : « On va à Solférino, et on emmène Benoît avec nous. » Quelques secondes plus tard, j'étais assis à l'arrière de la Peugeot 106 électrique déglinguée du maire de

Paris, coincé entre l'officier de sécurité de Bertrand – qui s'était installé à l'avant comme toujours – et Benoît Hamon. Il était fou de joie. Je crois qu'il m'a même embrassé les joues alors que nous ne nous étions jamais vus auparavant. Quand nous sommes arrivés rue de Solférino, il a foncé dans la foule, en courant comme un enfant devant la hotte du Père Noël. Sa joie était communicative.

Je ne l'ai plus revu après, jusqu'à mon arrivée à l'Élysée au printemps 2014. J'avais suivi de loin son action au ministère de l'Économie sociale et solidaire, où il avait été assez efficace et où il était bien entouré. Il avait une bande de fidèles autour de lui, fans de leur patron comme de son action.

J'avais également observé ses manigances et ses coups de billard à dix bandes pour monter en grade à l'occasion d'un prochain remaniement. Avec Arnaud Montebourg et Manuel Valls, ils voulaient avoir la peau de Jean-Marc Ayrault. Ils étaient rivaux, ne défendaient pas la même ligne politique, n'appartenaient pas aux mêmes courants historiques du PS, mais ils s'étaient mis d'accord pour que Manuel Valls devienne Premier ministre après les élections municipales de 2014 et que les deux autres soient promus au gouvernement. C'était vraiment l'alliance de la carpe et des lapins, mais cela avait fonctionné.

Manuel Valls était devenu Premier ministre, installant une quasi-cohabitation avec François Hollande, Arnaud Montebourg ministre de l'Économie et Benoît Hamon ministre de l'Éducation nationale.

Cette alliance n'était pas partie pour durer, compte tenu des divergences entre les trois hommes, mais aussi du peu d'états d'âme de Manuel Valls, qui, une fois installé à Matignon, avait bien l'intention de faire prévaloir sa ligne, plutôt droitière, et de ne pas se laisser embarquer par les positions plus à gauche de Benoît Hamon et Arnaud Montebourg.

L'étrange attelage a donc très logiquement explosé en vol, à la fin du mois d'août 2014. Je m'en souviens comme si c'était hier. Après un été passé à travailler à l'Élysée, je partais enfin en vacances, en famille, à Tanger. Dans le taxi, sur le chemin de l'aéroport, j'ai découvert une interview de Benoît Hamon, qui, au matin de la fête de la Rose de Frangy-en-Bresse, à laquelle il avait été invité par Arnaud Montebourg, faisait part de ses divergences avec la politique du gouvernement. J'en ai immédiatement averti François Hollande, qui m'a chargé d'en parler sans attendre avec l'entourage du ministre de l'Éducation. Les messages de sa conseillère en communication étaient clairs, elle me jurait que les propos du ministre avaient été déformés. J'ai demandé un démenti, qui n'est jamais venu.

La suite est connue : la réunion de Frangy a dégénéré. Arnaud Montebourg, qui avait visiblement pris un gros coup de chaud, a proposé d'offrir une « cuvée du redressement » au chef de l'État, en joignant le geste à la parole, verre à la main, devant un Benoît Hamon embarrassé, mais silencieux. La ligne rouge était franchie. J'ai dû faire mes valises et repartir sur-le-champ à Paris. Benoît Hamon et Arnaud Montebourg ont été sortis du gouvernement et le remaniement qui a suivi a permis à Emmanuel Macron d'y entrer, et de commencer – presque par hasard – son ascension vers l'Élysée.

Le frondeur

Benoît Hamon, qui avait été élu à Trappes, dans les Yvelines, en 2017, a alors regagné le Palais-Bourbon, où il n'a pas tardé à rejoindre le groupe des frondeurs qui s'était structuré progressivement depuis le début du quinquennat. Dès le vote du pacte budgétaire européen, à l'automne 2012, vingt députés socialistes avaient voté contre l'avis du gouvernement, estimant que le texte ne permettait pas une réorientation suffisante de la construction européenne.

C'est surtout à partir de la nomination de Manuel Valls, en 2014, qu'ils se développent et se structurent, recevant leur nom de baptême de la journaliste Solenn de Royer, aujourd'hui au *Monde*, mais à l'époque au *Figaro*, dans un article au sujet de l'opposition d'une cinquantaine de députés à la politique budgétaire du gouvernement après la déroute des municipales, intitulé « Après la défaite, la fronde des parlementaires PS ».

Les rangs des frondeurs ne vont pas tellement grossir au cours des années suivantes, et ils s'appuieront toujours sur les mêmes figures de proue, de

Laurent Baumel à Christian Paul en passant par Jean-Marc Germain. Benoît Hamon devient le leader de fait, compte tenu de sa plus grande notoriété médiatique, mais aussi de son plus grand poids au sein de l'appareil du PS. Il est ainsi l'un des plus virulents pour contester la loi Macron, ce qui oblige le gouvernement à recourir au 49.3, puis pour s'opposer au projet de loi constitutionnelle permettant l'extension de la déchéance de nationalité pour les terroristes, et enfin pour empêcher l'adoption de la loi travail, obligeant une nouvelle fois le gouvernement à recourir au 49.3. Il s'affirme ainsi, au sein du Parlement et dans les médias, comme le principal opposant socialiste à la politique menée par le gouvernement de Manuel Valls, Arnaud Montebourg ayant décidé de prendre temporairement du recul et d'aller travailler dans le secteur privé.

Au quotidien, contestant en permanence la politique du gouvernement sur les chaînes d'information en continu et multipliant les commentaires fielleux contre le Président et le Premier ministre dans la presse écrite, Benoît Hamon et les frondeurs instillent le poison du doute et de la division dans l'esprit du peuple de gauche. Le PS dans son ensemble renvoie alors l'image d'un parti aussi divisé que sclérosé, miné par des querelles internes et des rivalités de personnes, sapant de ce fait l'autorité du Président comme la confiance des électeurs dans la capacité de la gauche à mettre en œuvre le changement promis en 2012.

Le vainqueur surprise de la primaire citoyenne

Benoît Hamon va parfaitement manœuvrer, pour créer la surprise et être investi par le PS pour l'élection présidentielle. Première étape, en août 2016, il se porte candidat à la primaire citoyenne que le PS a décidé d'organiser pour désigner son champion en vue de 2017. Procédure étonnante pour un parti qui a pourtant un président sortant, mais acceptée par François Hollande, qui, déjà à l'époque, devait avoir en tête qu'il ne serait pas candidat. Je l'interrogeais souvent sur le sujet et il me répondait toujours la même chose : « Si je suis candidat, cela peut me permettre de me relégitimer. Si je ne le suis pas, cela permettra de choisir un remplaçant. » Je pensais qu'il plaisantait, que c'était une manière de gagner du temps. Mais en fait pas du tout, comme la suite de l'histoire l'a montré.

Quoi qu'il en soit, Benoît Hamon n'a pas raté l'occasion et s'est affirmé comme un successeur potentiel de François Hollande dès la rentrée 2016. Au début, personne ne le prenait au sérieux. Il n'avait aucune chance. Tout le monde misait sur Alain Juppé et, à gauche, c'était plutôt Emmanuel Macron qui passionnait les médias. Les sondages de Benoît Hamon étaient mauvais, mais il a réussi à bien tirer son épingle du jeu, en s'appuyant sur sa bonne connaissance des arcanes du PS, en cultivant sa différence et en bénéficiant d'un incroyable alignement des planètes.

Hamon n'est pas né de la dernière pluie. En 2016, quand il se lance dans la course pour l'investiture, il a déjà de nombreuses heures de vol de militantisme au compteur. Lycéen, il a fait partie des manifestants contre la loi Devaquet en 1986. Il adhère ensuite au PS, au sein du courant rocardien, dont un des chefs de file est un certain Manuel Valls. C'est à cette époque qu'il prend la tête du Mouvement des jeunes socialistes, bien moribond, et il va s'employer à en faire une machine de guerre, au service du PS mais aussi au sien propre. Il va alors démontrer son sens de l'organisation et se constituer une bande qu'il ne lâchera plus.

Ils créent ensemble un courant au sein du PS, « Nouvelle gauche », qui commence à peser à la fin des années 1990, pendant que Benoît Hamon poursuit son apprentissage politique au sein du cabinet de Martine Aubry, au ministère de l'Emploi, avec notamment Olivier Faure, Jean-Marc Germain et Anne Hidalgo. Après la défaite de 2002, il passe à la vitesse supérieure, en créant avec Arnaud Montebourg et Vincent Peillon un autre courant, le Nouveau Parti socialiste, dont j'ai déjà eu l'occasion de parler, qui appelle au renouvellement du parti et obtient 17 % des voix au congrès du PS de Dijon.

En 2005, Hamon, pourtant rocardien, décide d'appeler à voter non au référendum sur la Constitution européenne. Il s'allie avec Henri Emmanuelli, puis soutient Laurent Fabius dans la perspective de l'élection présidentielle de 2007. Celui-ci n'est pas investi, mais Benoît Hamon est passé à la gauche du PS. Il n'en reviendra plus. Il présente sa propre motion au congrès de Reims de 2008 et obtient cette fois 18 % des voix sur son nom, avant d'appeler à soutenir Martine Aubry au second tour. Il devient alors porte-parole du PS et s'impose en leader de l'ensemble de la gauche du parti, tout en restant député européen et conseiller régional d'Île-de-France. Apparatchik en diable, il est à la fois au cœur du système partisan tout en ayant un positionnement clairement identifié, à la gauche de l'appareil, et des relais dans toutes les fédérations du parti, ce qui constitue un actif considérable dans la perspective de la primaire qui se dessine.

Pourtant, il ne s'est pas contenté de miser sur l'appareil du PS. Il a aussi intelligemment su faire entendre sa différence, avec le gouvernement et avec ses concurrents. Avec le gouvernement, il a montré ses divergences sur l'Europe, l'assouplissement du droit du travail, le soutien aux entreprises et l'austérité budgétaire. Avec ses concurrents, il a su cultiver sa singularité en se saisissant de thèmes peu abordés, telles la reconnaissance du burn-out comme maladie professionnelle, l'instauration d'un revenu universel ou la lutte contre les perturbateurs endocriniens.

Il a enfin bénéficié d'un incroyable alignement des planètes, avec le renoncement de François Hollande, qu'il n'avait pas vu venir, ni particulièrement souhaité, même s'il contestait sa politique sur le fond. Le président sortant ayant jeté l'éponge, il n'était pas favori et apparaissait plutôt comme une sorte de troisième homme, derrière Manuel Valls et Arnaud Montebourg.

Mais Manuel Valls n'avait en réalité aucune chance, car détesté au sein du PS pour avoir brutalisé la majorité avec le 49.3 et tenu une ligne identitaire dure. François Hollande m'avait d'ailleurs confié qu'il avait prévenu son Premier ministre qu'il n'avait aucune chance : « Manuel, si tu es candidat à ma place, tu vas prendre la place du mort. » Ajoutons que l'espace politique libéral de gauche était déjà occupé par Emmanuel Macron, qui faisait campagne en dehors du parti et était mieux organisé.

Arnaud Montebourg n'avait pas plus de chances. Il s'était préparé à faire campagne contre François Hollande. C'était presque une affaire personnelle. Je ne compte même plus les fois où un journaliste m'a raconté, l'air un peu gêné, qu'il avait encore dit des horreurs sur le Président, le traitant de tous les noms et témoignant d'un mépris difficilement admissible à l'égard d'un président de la République. François Hollande n'étant plus candidat, Arnaud Montebourg n'avait plus de stratégie, plus rien à proposer, lui qui avait tout misé pour sa campagne sur le « tout sauf Hollande ».

Un boulevard s'ouvrait donc pour Benoît Hamon : il avait finalement une bonne image, jeune et sympathique, s'exprimait bien et pouvait compter sur de bons réseaux et quelques idées nouvelles. Cela lui a permis d'arriver en tête au premier tour, avec 36 % des voix, et de l'emporter largement au second tour, avec 58 % des voix.

La victoire acquise, il a bénéficié de quelques semaines d'état de grâce et est monté jusqu'à 17 % dans les sondages à la fin du mois de janvier 2017, à quelques points de la qualification pour le second tour. Compte tenu des déboires rencontrés en février par François Fillon et des difficultés d'Emmanuel Macron au cours du même mois qui l'a vu piétiner avant de réussir à convaincre François Bayrou de le rejoindre, il était même possible de penser – et c'était mon cas – que Benoît Hamon aurait pu se retrouver face à Marine Le Pen en finale, et ainsi devenir président de la République.

Il n'en a rien été. Et il a finalement terminé avec 6 % des voix, divisant son score par trois en trois mois. Vertigineux.

La chute de Benoît Hamon

Benoît Hamon a commencé à dévisser en février, quand il s'est embourbé dans d'interminables négociations d'appareils avec Yannick Jadot puis avec Jean-Luc Mélenchon. Son intention de départ était bonne. Connaissant le goût du peuple de gauche pour le rassemblement, et voulant disposer de la dynamique la plus forte possible dans la dernière ligne droite de la campagne, il a voulu s'imposer comme une forme de candidat unique de la gauche, sur le modèle de Mitterrand en 1974. Le rapport de force jouait en sa faveur : il était devant dans les sondages.

Cela a fonctionné avec Yannick Jadot, qui était alors le plus proche idéologiquement, compte tenu de leur attachement commun à une transition énergétique rapide. Il était surtout très à la peine dans les sondages, qui le créditaient d'un score inférieur à 5 % des voix. Son ralliement a en outre été fortement poussé par les cadres d'EELV, dont Cécile Duflot, ravie que son ancien adversaire de la primaire écologiste ne puisse finalement pas être candidat.

Cela n'a en revanche pas du tout fonctionné avec Jean-Luc Mélenchon, vieux briscard de la politique, à qui on ne la fait pas quand il s'agit de parler d'accords d'appareils et de ralliements politiques. Le candidat de La France insoumise a encaissé la pression médiatique qui poussait au rassemblement, a fait patienter des jours durant Benoît Hamon, le temps que sa dynamique s'essouffle tranquillement. Du grand art. Car Jean-Luc Mélenchon n'a jamais eu l'intention de renoncer à sa candidature, pour deux raisons : d'abord parce qu'il était trop engagé, et depuis trop longtemps, pour faire machine arrière, ensuite parce qu'il avait un compte à régler avec le PS, qu'il avait quitté en 2008, et il était inenvisageable de se dédire sur ce sujet.

Pendant que Jean-Luc Mélenchon le faisait lanterner, Benoît Hamon a donné le sentiment de ne plus faire campagne, laissant passer le mois de février, pourtant toujours décisif dans une campagne présidentielle. C'est en effet à ce moment-là que s'opère la cristallisation politique, dont on voit les effets en mars. Il n'a pas su saisir sa chance dans le moment décisif, semblant plus préoccupé par les négociations d'appareils que par son dialogue avec les Français. Candidat d'un PS déjà abîmé par la fronde parlementaire et les rivalités entre ses éléphants, il l'a abîmé en retour, se comportant comme un apparatchik caricatural et renvoyant du PS l'image d'un parti fatigué, d'un autre temps, obnubilé par les négociations de boutiques partisanes, quand il aurait fallu aller à la rencontre des Français et porter un discours d'espoir pour le pays. Jean-Luc Mélenchon a alors pu prendre son relais, se substituant à lui pour jouer le rôle de héraut de la gauche, tenant là sa revanche sur un parti qui, selon lui, ne l'avait jamais considéré à sa juste valeur, ne lui avait pas permis de porter ses idées et d'exprimer sa personnalité.

La deuxième erreur de Benoît Hamon a été de ne pas réussir à rassembler les socialistes. Il est resté un frondeur, quand il aurait dû se positionner en héritier de l'histoire du socialisme. François Hollande n'était plus candidat, Manuel Valls avait été battu, il n'y avait plus d'intérêt à se distinguer d'eux. Au contraire, il fallait aller chercher leurs amis, soutiens et, surtout, électeurs. Benoît Hamon n'a pas su ou pas voulu le faire. Dès lors, ils sont partis un par un. Certains ont carrément rejoint Emmanuel Macron, comme Manuel Valls et François de Rugy, ses concurrents de la primaire citoyenne.

D'autres sont restés bien silencieux, parce qu'on ne leur a pas proposé de rôle ou donné de visibilité pour s'exprimer. Cela a été notamment le cas pour Bernard Cazeneuve ou Stéphane Le Foll, et globalement tous les membres du gouvernement en place, qui n'ont pas eu l'occasion d'aider le candidat.

Le quinquennat avait laissé des cicatrices profondes dans le PS. La fronde des députés, le manque de discussions politiques constructives au sein des instances dirigeantes, le peu d'association du parti et des parlementaires au processus de décision gouvernemental avaient généré autant de frustrations que de ressentiments. Le mépris et la haine suintaient sur les murs de Solférino et du QG de campagne de Benoît Hamon. Les principaux leaders ne se supportaient plus et souhaitaient parfois plus la défaite de leur candidat que la victoire finale du candidat du parti. La dislocation du PS avait atteint son apogée.

La troisième erreur de Benoît Hamon est sans doute d'avoir eu un positionnement politique trop original et, d'une certaine manière, trop étroit. Il a choisi d'excellents sujets, comme l'écologie ou le revenu universel, mais il n'a pas réussi à proposer de récit global, comme y sont parvenus Emmanuel Macron, Marine Le Pen, Jean-Luc Mélenchon ou même François Fillon. Au fil des semaines, il était difficile de cerner ses positions en matière de politique économique, de politique étrangère ou de sécurité et de défense, des sujets essentiels pour les Français, que le candidat avait placés au second plan de son programme.

La quatrième et dernière erreur de Benoît Hamon, c'est finalement de ne jamais avoir vraiment cru en ses chances. « Il faut qu'il se dise qu'il peut encore gagner », m'avait confié François Hollande, en marge d'un déplacement au mois de février 2016, avant d'ajouter : « Mais je crois que même lui il n'y croit pas. Il a plus envie de devenir premier secrétaire que président de la République. » Cruel, mais juste. La présidentielle est une affaire d'instinct et de volonté, autant que de programme et de stratégie.

Au final, Benoît Hamon a été éliminé sèchement, mais il ne semblait pas si affecté par sa défaite, plus préoccupé par la construction de son destin personnel que par l'avenir du PS et la défense des idées de la gauche. Il pensait sans doute qu'il s'agissait là simplement d'un tour de chauffe, en vue de 2022. Il avait tort.

La disparition

L'élection présidentielle passée, Benoît Hamon a rencontré une spirale de l'échec, dont on a cru ne jamais voir la fin.

Défait dès le premier tour dans sa circonscription, il décide de quitter le PS pour créer Génération.s, pensant pouvoir réinventer et rassembler la gauche depuis l'extérieur, appliquant en cela la stratégie de Jean-Pierre Chevènement dans les années 1990 et de Jean-Luc Mélenchon dans les années 2000.

« Le départ de Benoît va permettre une clarification au sein du PS », m'avait dit François Hollande lors d'un déjeuner organisé dans ses bureaux, rue de Rivoli. Je n'en étais pas persuadé, mais en tout cas, de son côté, Génération.s a bénéficié d'un bel élan initial, les fidèles de Benoît Hamon l'ayant suivi dans sa démarche et plusieurs personnalités l'ayant accueillie favorablement. Mais la dynamique s'est vite enrayée, la décision de Yannick Jadot de ne pas le rejoindre lui portant un coup dont il lui a été difficile de se remettre.

Lors de la campagne européenne, il a rencontré de nouvelles défections, l'économiste Aurore Lalucq lui infligeant un camouflet en décidant de rejoindre la liste Place publique – PS, tandis que son ancienne conseillère chargée de la presse au ministère de l'Éducation et lors de la campagne de 2017, devenue entre-temps une de mes collaboratrices au sein de mon agence de communication, a décidé de prendre en charge la communication de Raphaël Glucksmann. Pour la première fois, Hamon m'a appelé pour s'en plaindre. Je n'y étais pour rien et étais désolé pour lui. Au bout de cette campagne difficile, le résultat a été particulièrement cruel, sa liste ne recueillant que 3 % des suffrages, soit la moitié de son score à la présidentielle deux ans plus tôt.

Benoît Hamon ne pouvait alors qu'en assumer les conséquences et renoncer à présenter des listes autonomes aux municipales de 2020. Certains de ses soutiens les plus proches ont cependant réussi à tirer leur épingle du jeu, comme Mathieu Hanotin, élu maire de Saint-Denis.

L'année suivante, il décide de rejoindre la liste de Julien Bayou, candidat écologiste en Île-de-France, ce qui lui permet finalement d'être élu conseiller régional, mandat qu'il a conservé jusqu'à aujourd'hui, même s'il a annoncé récemment quitter la vie politique pour prendre la tête d'une ONG spécialisée dans l'intégration des réfugiés et migrants, Singa.

Il s'exprime aujourd'hui rarement publiquement. Si l'on veut avoir de ses nouvelles, il reste cependant possible d'aller jeter un œil à son compte Instagram, où il publie régulièrement des photos de son chat malicieux et des kebabs qu'il ingurgite avec gourmandise, témoignant par là d'un bon sens de l'autodérision et d'une certaine capacité à prendre du recul vis-à-vis de ses nombreux revers politiques.

En cinq ans, Benoît Hamon, qui aurait pu devenir président de la République, a tout perdu, prouvant une nouvelle fois qu'en politique le Capitole est très proche de la roche Tarpéienne, et que rien n'arrête jamais votre chute quand vous multipliez les erreurs, comme Olivier Faure et le PS l'ont malheureusement fait depuis 2017, perdant l'occasion de reconstruire le parti et de redonner un espoir à la gauche.

Un quinquennat perdu

Quand on regarde le quinquennat qui vient de s'achever dans le rétroviseur, on se demande ce qu'a fait le PS au cours des dernières années. On peut aussi s'interroger sur ce qu'il n'a pas fait ou pas voulu faire. En tout cas le constat est sans appel : en cinq ans, il n'a pas pu redresser la barre, sans doute parce qu'il a mal utilisé son énergie et son temps, en se concentrant sur d'autres objectifs et en perdant de vue qu'une alternance prend du temps à se préparer, surtout après une lourde défaite comme celle de 2017. L'échec de Benoît Hamon aurait pourtant dû constituer une forte alerte. Ce n'était pas un accident, mais la suite d'un long processus de déréliction, qu'il aurait fallu enrayer au plus vite.

Si on remonte le fil du temps, il me semble qu'au cours des dernières années, le PS a oublié l'essentiel. Au lieu de préparer un programme et une candidature solides pour 2022, la nouvelle équipe, dirigée par Olivier Faure, a donné la priorité à la réalisation d'un inventaire de l'action de François Hollande et à la défense de ses bastions locaux, et n'a pas consacré le temps nécessaire à faire émerger de nouveaux talents et de nouvelles idées.

Une nouvelle équipe à la tête du Parti socialiste

Les élections présidentielle et législatives de 2017 passées, le PS a dû se choisir un nouveau premier secrétaire, Jean-Christophe Cambadélis ayant décidé de ne pas être candidat à sa propre succession après sa lourde défaite contre un jeune marcheur, Mounir Mahjoubi, dans sa circonscription du 19e arrondissement, où il avait été élu pour la première fois en 1988.

Najat Vallaud-Belkacem a un temps été pressentie pour succéder à celui qui se faisait appeler Kostas quand il était militant trotskyste assidu au sein de l'Organisation communiste internationaliste. Elle a été reçue par François Hollande dans ses bureaux d'ancien président de la rue de Rivoli, qui l'a alors assurée de son soutien.

Sur le papier, elle avait le profil idéal pour prendre sa suite. Âgée de quarante ans, née au Maroc, ayant grandi dans les quartiers populaires d'Amiens, elle est un modèle de réussite méritocratique, comme notre République en a encore le secret.

Après des études de droit en Picardie, elle a rejoint Sciences Po, dont elle a été diplômée un an avant moi, et a très vite connu le succès en politique : d'abord collaboratrice de Gérard Collomb à

Lyon, elle est devenue élue locale dans la région, avant d'être un des piliers des campagnes de Ségolène Royal et de François Hollande puis d'intégrer le gouvernement en 2012, comme ministre des Droits des femmes et porte-parole, puis comme ministre de l'Éducation nationale, en 2014, à seulement trente-sept ans.

Je l'ai souvent croisée quand j'étais étudiant à Sciences Po, puis à l'ENA, car elle partageait déjà à l'époque la vie de Boris Vallaud, un camarade de promotion. Je l'ai perdue de vue par la suite pendant quelques années, avant de la retrouver, place de la Bastille, tout sourire, le soir de la victoire de François Hollande en 2012. Pendant les cinq années du mandat hollandais, je l'ai beaucoup croisée dans les coulisses du pouvoir, et j'ai pu constater à quel point elle était sérieuse, appliquée, solide, sur le fond comme sur la forme, ne commettant quasiment jamais d'erreurs et gardant son sang-froid en toutes circonstances alors qu'elle était sans cesse agressée par les médias – l'hebdomadaire *Valeurs actuelles* en avait fait une de ses cibles favorites, avec Christiane Taubira – et sur les réseaux sociaux.

Je l'ai en revanche souvent trouvée très prudente. Elle est ambitieuse, mais pas particulièrement audacieuse et aventurière, ce qui l'a conduite à ne pas être candidate au poste de premier secrétaire.

Lors d'un dîner organisé chez un ami commun, dans le 19e arrondissement, en présence de son mari et du maire de l'arrondissement, François Dagnaud, elle m'avait dit : « Je vais passer mon tour pour cette fois, ce n'est pas le moment. » J'étais sceptique. Il n'y a jamais de bon moment pour prendre le pouvoir, et quand on vous l'offre sur un plateau, il vaut mieux le saisir, car la chance ne se présente pas deux fois. Quand on passe son tour en politique, c'est souvent pour toujours. En tout cas, aujourd'hui, l'ancienne ministre de l'Éducation semble bien loin du PS : après un éphémère retour en 2021 pour les régionales, elle dirige l'ONG ONE et est la présidente de France Terre d'Asile.

Najat Vallaud-Belkacem ayant renoncé, la voie pouvait s'ouvrir pour Stéphane Le Foll. Réélu député en 2017, il a alors décidé de se lancer à la conquête du premier secrétariat du PS, poste qu'il avait refusé d'occuper en 2012, quand Martine Aubry le quittait. Il était le seul à pouvoir incarner la poursuite du courant hollandais historique.

J'ai été son collaborateur au porte-parolat du gouvernement, pendant un mois, en avril 2014, après mon départ du cabinet de Laurent Fabius au Quai d'Orsay, et avant de rejoindre celui de François Hollande à l'Élysée. Quand il a appris par le nouveau président que j'allais le quitter, il m'a appelé pour me féliciter d'un riant « Tu vas te rapprocher du bon Dieu » qui en dit long sur son admiration pour l'ancien chef de l'État.

François Hollande ne m'a toujours dit que du bien de lui. Il avait réussi à le convaincre de devenir son directeur de cabinet quand il était devenu premier secrétaire du PS en 1997, alors que Stéphane Le Foll pouvait rejoindre le cabinet du ministre de l'Agriculture, ce dont il rêvait depuis longtemps, lui, petit-fils d'agriculteur, ayant enseigné l'économie dans un lycée agricole de la Sarthe. Ils ne se sont pas quittés depuis cette époque, formant un duo aussi atypique qu'efficace.

« C'est indispensable d'avoir un Le Foll dans une équipe », m'avait un jour confié François Hollande, avant d'ajouter : « Il n'a pas peur de rentrer dans le lard des autres, et quand il faut aller au front, il est toujours là. » Mais il aimait bien aussi me préciser que Stéphane Le Foll, grand gaillard breton à la mâchoire carrée et aux épaules de granit, était un faux dur, un vrai sensible, un homme de convictions et de valeurs sur qui on pouvait toujours compter.

J'ai pu le vérifier pendant les quelques semaines durant lesquelles j'ai travaillé à ses côtés, rue de Varenne. Nous passions des heures à préparer ses interviews, en buvant du vin bio et en fumant allègrement. Stéphane Le Foll s'emportait souvent, fustigeant les erreurs de communication du Président, regrettant qu'il ne tranche pas davantage, avant de s'adoucir d'un coup, pour s'enflammer de nouveau, le temps de trouver une formule choc. Souvent, la conversation se poursuivait pour parler de football, son autre passion, lui qui avait joué milieu de terrain en division d'honneur, de bon vin ou de bonne viande. Le bon vivant par excellence.

François Hollande avait failli ne pas le nommer au gouvernement en 2012. « Tu imagines, moi qui lui ai tout donné pendant quinze ans, moi qui étais un des seuls à être encore là en 2008 quand tout le monde lui tournait le dos, il a failli me planter », m'avait-il un jour raconté, l'émotion encore dans la voix. Mais François Hollande s'était ravisé, l'avait nommé à l'Agriculture et même promu pendant le quinquennat.

Stéphane Le Foll a été l'un des premiers au courant quand François Hollande a décidé de ne pas être candidat. Bien sûr, il a essayé de le convaincre de changer d'avis. C'était malheureusement trop tard. Les jeux étaient faits. Il devait être dévasté : c'était la fin d'une époque, mais aussi la bérézina annoncée pour la campagne de 2017, alors que lui était déjà prêt à se jeter une nouvelle fois à corps perdu dans la bataille. Il avait lancé un mouvement au nom original : « Hé oh la gauche », qui promettait de réveiller les socialistes et de leur rendre leur fierté. Un beau programme. Mais qu'il n'a pas pu mettre en œuvre.

Connaissant parfaitement les arcanes du PS, héritier légitime de François Hollande, ancien député européen, réélu député dans une circonscription difficile, il conservait alors toute la légitimité pour devenir premier secrétaire et procéder à la reconstruction du parti, bien mal en point. Il a cependant perdu, car il est tombé sur plus malin que lui cette année-là, en la personne de son ancien collaborateur rue de Solférino, Olivier Faure.

Je le connais depuis vingt ans. La première fois que je suis entré rue de Solférino, c'était pour aller le voir, alors qu'il était directeur adjoint du cabinet de François Hollande, premier secrétaire du PS.

Désireux de m'engager en politique, j'avais obtenu un rendez-vous avec lui grâce à Laurent Van Soen, mon ancien maître de stage à la Mission économique de New York. Ils étaient amis depuis le début des années 1990, où ils avaient milité ensemble au sein du mouvement des jeunes rocardiens.

La voix grave, le sourire en coin, Olivier Faure n'était pas connu à l'époque, mais il faisait partie de la génération des trentenaires qui voulaient renouveler le Parti socialiste de l'intérieur, dans le sillage de François Hollande.

« Ne fais pas de la politique à Paris, c'est bouché, tu devrais aller t'implanter plus loin », m'avait-il dit, en m'expliquant sa propre stratégie. Bien qu'habitant et travaillant à Paris, il avait décidé de rejoindre une section en Seine-et-Marne, où il n'avait aucune attache particulière, mais où il pensait que la gauche avait un avenir politique. « Il y a beaucoup de circonscriptions à prendre lors des prochaines élections législatives », m'expliqua-t-il, avant d'ajouter : « Donc moi j'ai décidé de militer à la base à quelques dizaines de kilomètres de Paris et de tout reconstruire depuis là-bas. »

Il me raconta comment il se rendait sur place plusieurs fois par semaine, en scooter, pour débattre avec les militants, comment il y allait le week-end pour tracter et rencontrer les habitants.

J'imaginais les kilomètres sous la pluie, le froid de l'hiver, les mains gelées sur les marchés, les réunions sans fin dans des gymnases et des salles polyvalentes… J'étais impressionné par son dévouement, au socialisme autant qu'à sa propre ambition. Comment trouvait-il le temps et l'énergie pour faire cela ?

Je lui promis de réfléchir, mais, au fond de moi, je me sentais incapable d'une telle abnégation, alors que j'avais encore une scolarité à l'ENA à terminer, une légitimité professionnelle à construire et une vie parisienne d'adulte à découvrir.

Nos routes se sont souvent recroisées par la suite, notamment pendant le quinquennat de François Hollande. À la fin du mandat, il est devenu patron du groupe socialiste à l'Assemblée nationale, choisissant un positionnement assez pro-frondeurs qui n'a pas aidé le Président mais a certainement permis au candidat Olivier Faure d'être réélu dans sa circonscription très à gauche de Seine-et-Marne, et de poser les bases de sa campagne pour le premier secrétariat du PS.

Il l'a emporté haut la main, avec 48,37 % des suffrages, à l'issue du congrès d'Aubervilliers, organisé au printemps 2018, notamment grâce au soutien des baronnes locales du PS, Martine Aubry, la maire de Lille, dont il avait été le collaborateur rue de Grenelle en 1997, Carole Delga, la présidente de la région Occitanie, Anne Hidalgo, la maire de Paris, ou encore Johanna Rolland, la maire de Nantes.

L'obsession de l'inventaire

Devenu premier secrétaire, Olivier Faure a décidé de s'entourer d'une équipe jeune et de qualité, avec notamment Corinne Narassiguin, Gabrielle Siry et

Boris Vallaud, mais il a surtout donné l'impression de vouloir à tout prix et au plus vite tourner la page des dernières années du PS.

Pour des raisons financières, les ressources du parti étant appelées à se tarir après le revers aux élections législatives de 2017, il a d'abord décidé de procéder à un plan social, puis de déménager le siège du parti, de la rue de Solférino, dans le 7e arrondissement de Paris, à Ivry-sur-Seine, dans le Val-de-Marne.

Cette décision aurait pu sembler anodine. Après tout, ce n'était pas la première fois que le PS déménageait. La SFIO puis le PS ont en effet été installés cité Malesherbes dans le 9e arrondissement, de 1936 à 1975, puis place du Palais-Bourbon dans le 7e, de 1975 à 1981, avant de rejoindre la rue de Solférino, à quelques centaines de mètres de là. Le déménagement aurait pu même être bien accueilli, car cela avait du sens, pour permettre une renaissance : il quittait un quartier bourgeois de la rive gauche de la capitale pour rejoindre un territoire populaire de la banlieue parisienne.

Cela n'a pas été le cas, car les observateurs comme les militants y ont vu le signe d'un éloignement du cœur du pouvoir, qui reste malgré tout à Paris, ce qui explique que tous les partis politiques, de gauche comme de droite, y aient leur siège. Ils y ont vu aussi le signe d'un déclin profond, comme cela a été très bien raconté par les journalistes Grégoire Biseau et Cyril Leuthy dans leur film documentaire de 2019, *L'Adieu à Solférino*.

Pour moi, la rue de Solférino reste attachée au souvenir des victoires de la gauche. C'est là que François Mitterrand a retrouvé ses collaborateurs en revenant à Paris, le soir de sa victoire de 1981, que Lionel Jospin a construit la victoire de 1997, et que François Hollande a permis au parti de se rétablir progressivement, après la claque de 2002. C'est surtout là que la foule en liesse s'est retrouvée, en mai 2012, pour célébrer la victoire. J'y étais, je l'ai dit, avec Bertrand Delanoë, avec qui je travaillais à l'époque. La rue était noire de monde. Une foule dense se pressait sur le goudron, les militants dansaient sur la terrasse du bâtiment, les gens hurlaient de joie.

Quitter ce lieu rempli de tant de souvenirs de victoires a donc été le premier acte de l'inventaire entrepris par Olivier Faure. De façon paradoxale, le nouveau premier secrétaire a en effet consacré la première année de son mandat à mener une étrange entreprise de démolition du bilan de François Hollande.

Début 2019, il a tenu une conférence de presse dans les nouveaux locaux du parti. Les badges fournis par les organisateurs donnaient le ton : « Devoir d'inventaire ». On avait l'impression d'assister à un remake d'un film déjà tourné en 1995, avec dans le rôle principal Lionel Jospin, qui avait demandé la même chose pour le bilan des deux septennats de Mitterrand.

Prenant sa suite un quart de siècle plus tard, Olivier Faure n'y est pas allé de main morte, affirmant d'emblée qu'il ne voulait « rien laisser sous le tapis », estimant que le programme de 2012 avait proposé un changement trop vague, sans définition claire des objectifs et s'appuyant sur un logiciel politique déjà daté, et finissant par parler carrément de « trahison » des électeurs de gauche.

N'en jetez plus ! C'était d'une violence inouïe, difficilement explicable, tant sur la forme que sur le fond, venant d'un homme agréable dans le privé, ancien collaborateur de François Hollande à qui il devait tant, homme clef du quinquennat en tant que conseiller officieux de Jean-Marc Ayrault à Matignon de 2012 à 2014, puis comme président du principal groupe parlementaire au Palais-Bourbon.

Pourquoi se livrer à un tel exercice de dénigrement ? Comment peut-on croire qu'il est possible de se reconstruire en peignant en noir tout ce que l'on a vécu en commun et construit ensemble ?

Bien sûr, tout n'a pas été parfait pendant le quinquennat hollandais – j'ai eu l'occasion de l'analyser en détail plus haut –, mais cette entreprise de démolition a eu le don de m'agacer terriblement, au point que je n'ai pas pu m'empêcher, sur France Inter, de comparer les réunions d'autoflagellation du PS à la mode Olivier Faure aux réunions des alcooliques anonymes. Je le regrette, et m'en suis d'ailleurs excusé. Ce n'était pas respectueux pour ceux qui continuaient de se battre au PS, et encore moins pour les alcooliques, anonymes ou non ! J'ai en revanche souri quand j'ai vu qu'Olivier Faure, que ma blague n'avait à l'époque pas fait rire (il m'avait envoyé un SMS sur le sujet, et l'avait fait savoir au *JDD*, visiblement blessé), a utilisé la même expression pour qualifier Territoires de progrès, le courant de gauche de LREM.

Quoi qu'il en soit, ce travail d'inventaire n'a pas permis au PS de se préparer sereinement pour les élections européennes de 2019, où le parti a fait le choix de l'effacement et a obtenu un nouveau score catastrophique.

Les élections européennes de 2019

Chroniqueur régulier de l'émission de débat *On refait le monde* sur RTL, j'ai croisé Olivier Faure dans les couloirs de la station quelques mois avant les européennes. Sortant du studio où il venait de donner une interview à Marc-Olivier Fogiel, il s'arrête pour parler avec Françoise Degois – ancienne journaliste de France Inter, devenue proche collaboratrice de Ségolène Royal puis aujourd'hui éditorialiste et polémiste à la radio et à la télévision – et moi qui me trouvais là.

La discussion s'engage tout de suite sur la préparation des élections. Alors que nous lui demandons s'il espère que la liste portée par le PS pourra obtenir plus de 10 % des voix, il nous répond d'emblée, la voix calme et grave : « Ce serait un miracle. Notre score de départ, c'est celui de Benoît à la présidentielle, soit 6 %. Ce serait déjà bien qu'on fasse autant. » On a connu leader plus enthousiaste et optimiste pour ses troupes !

En réalité, Olivier Faure préparait déjà à l'époque un premier effacement du PS lors de ces élections. Il s'était persuadé que l'image du parti était tellement abîmée et ses dirigeants si décrédibilisés qu'il valait mieux ne pas présenter de liste estampillée PS. Si cela pouvait correspondre à l'air du temps, qui veut que l'on efface les logos des formations politiques, ou que l'on crée des mouvements politiques de toutes pièces, comme l'a fait Emmanuel Macron avec En marche, c'était une tactique qui avait peu de chances de fonctionner, car les électeurs décryptent toujours ce genre de stratégies quand elles ont pour objet de sauver les meubles.

François Hollande m'avait confié une fois, à propos de la préparation des élections : « Quand l'électeur sent que vous ne pensez pas vous-même que vous pouvez l'emporter, non seulement il vous fait perdre, mais en plus il vous punit et vous met plus bas que terre. » Il parlait d'expérience, lui qui avait vécu de nombreuses défaites électorales dans les années 1980, quand il cherchait à s'implanter en Corrèze et qu'il avait été sèchement battu aux élections législatives de 1993, dans une circonscription pourtant solidement ancrée à gauche.

L'adage hollandais s'est vérifié lors de ce scrutin européen. Olivier Faure a fini par confier la tête de liste à Raphaël Glucksmann. Passé à Sciences Po en même temps que moi, celui-ci avait eu un parcours assez original jusque-là, bénéficiant par procuration de la notoriété de son père, le philosophe André Glucksmann, et touchant à tout – conseiller du président de la Géorgie, réalisateur de documentaires, journaliste, essayiste –, témoignant d'un incontestable goût pour la prise de risque et l'aventure.

C'est son talent de plume qui a fini par lui permettre de se distinguer, et notamment ses essais à dimension fortement générationnelle, comme *Génération gueule de bois*, *Manuel de lutte contre les réacs*, *Notre France. Dire et aimer ce que nous sommes* et *Les Enfants du vide. De l'impasse individualiste au réveil citoyen*. Dans ce dernier ouvrage, paru en 2018, il dénonce l'échec des politiques libérales, qui ont conduit à la montée de l'individualisme et nourri une intense crise sociale, écologique et démocratique. C'est son livre le plus convaincant, mais c'est aussi le plus inattendu de la part d'un citoyen ayant été un temps proche du parti ultralibéral Alternative libérale, fondé par mon ancien camarade de Sciences Po, le sympathique mais très droitier Édouard Fillias.

Passant très bien à la télévision, s'exprimant à la perfection, il a fini par être repéré par les médias, mais aussi par les politiques, et notamment par Olivier Faure, qui n'a pas tardé à parler de lui en des termes dithyrambiques, saluant régulièrement ses prouesses cathodiques. « Tu te rends compte, il va tout le temps chez Ruquier », avait-il confié, admiratif, à un ami.

Sentant son potentiel, Raphaël Glucksmann a eu la bonne idée de lancer Place publique, un mouvement citoyen original qui avait vocation à renouveler le débat démocratique et à fédérer l'ensemble de la gauche. Même s'il a fondé ce mouvement avec plusieurs autres personnalités, dont Claire Nouvian et Thomas Porcher, il en est vite devenu la principale incarnation et même l'unique porte-parole. Louable, sa volonté d'unifier la gauche a échoué, car LFI, le PCF et EELV sont partis en solo, mais il a réussi à convaincre le PS de lui confier la tête de sa liste pour les européennes.

Ce faisant, le vieux parti a accepté pour la première fois de s'effacer, au moins partiellement, lors d'une échéance électorale majeure, ce qui n'était jamais arrivé dans son histoire, même quand il était au plus mal, comme par exemple en 1994, lors des élections européennes. Cette année-là, le PS se remettait à peine de la déroute des élections législatives de 1993, mais son premier secrétaire, Michel Rocard, avait accepté de conduire lui-même la liste pour les élections.

Les électeurs n'ont pas apprécié cette stratégie. Et même si Raphaël Glucksmann a été assez bon dans les nombreux débats télévisés, sa liste n'a récolté au final que 6,19 % des voix, ce qui a permis l'élection de six députés européens, dont seulement trois socialistes, alors que le parti comptait treize élus lors de la mandature européenne précédente.

Malgré ce résultat malheureux, le PS a réussi à remonter temporairement sur le cheval de la victoire, à l'occasion des élections locales de 2020 et 2021, parvenant à défendre la plupart de ses bastions territoriaux, mais oubliant que les élections locales ne sont pas l'alpha et l'oméga de la vie politique d'un parti de sa dimension.

Le socialisme territorial

Lors des élections municipales de 2020, le PS a réussi à conserver, parmi les communes de plus de 100 000 habitants, les mairies de Brest, Clermont-Ferrand, Dijon, Le Mans, Lille, Nantes, Paris, Rennes et Rouen, ne perdant que Metz.

Lors des élections départementales de 2021, il a conservé vingt et un conseils départementaux sur les vingt-trois qu'il dirigeait déjà et en a gagné un supplémentaire, celui des Côtes-d'Armor. Lors des élections régionales organisées la même année, il a conservé les cinq conseils régionaux qu'il dirigeait depuis 2015.

Comment expliquer ces bons résultats, après les déroutes de 2017, à la présidentielle et aux législatives, et de 2019 lors des européennes ?

Le contexte y est pour beaucoup. Ces élections ont eu lieu en pleine crise sanitaire. Le second tour des élections municipales a même été reporté de plusieurs mois en raison du confinement, avec deux conséquences. Tout d'abord, une abstention massive : en moyenne, lors de ces trois scrutins, seul un électeur sur trois s'est déplacé, ce qui constitue le plus mauvais taux de participation de l'histoire des élections locales sous la Vᵉ République. Ensuite, un phénomène bien connu de « ralliement au drapeau » : en période de crise, ceux qui détiennent déjà le pouvoir bénéficient toujours d'un surcroît de légitimité et de crédibilité.

Ces deux phénomènes ont entraîné une large prime aux sortants, dont le PS a bénéficié, comme Les Républicains, qui ont conservé tous leurs bastions.

J'ai pu observer ce phénomène de près lors des élections municipales à Paris, en 2020. La logique politique aurait dû conduire à une défaite d'Anne Hidalgo, plombée par un bilan catastrophique, notamment en matière de hausse du prix des logements, d'accroissement des inégalités et de détérioration de l'espace public, et qui avait de plus en plus de mal à tenir une majorité chancelante. Elle a cependant gagné l'élection haut la main, jouant parfaitement la montre pendant que ses adversaires choisissaient des candidats incapables de l'emporter – Rachida Dati pour Les Républicains, Benjamin Griveaux puis Agnès Buzyn pour la majorité présidentielle, sans légitimité locale et qui en plus ont subi la dissidence de Cédric Villani. Elle a également su être intelligemment présente au moment de la gestion de la crise sanitaire, témoignant constamment son attention aux Parisiens, quand ses adversaires, ne disposant ni de pouvoir ni de moyens financiers, ne pouvaient se prévaloir d'agir au service de l'intérêt général. Au cours de cette période, elle a aussi su prendre quelques décisions disruptives – comme la fermeture à la circulation automobile de la rue de Rivoli, ou l'autorisation donnée aux cafés et restaurants d'ouvrir des terrasses éphémères sur les places de stationnement –, qui ont particulièrement plu, à juste titre, aux Parisiens, et ont contribué à lui attribuer un bon paquet de suffrages supplémentaires.

J'en ai moi-même subi les conséquences, car après un premier tour correct dans le 6e arrondissement, où je suis arrivé en deuxième position avec 22 % des voix, j'ai vu ma liste s'effondrer au second tour, avec 14 % des suffrages. Nous avons ainsi terminé en troisième position, sans aucun élu. Ce ne fut pas très agréable à vivre, et je devais être bien pâle quand j'ai assisté au dépouillement des bulletins dans le préau de l'école élémentaire de la rue Madame. Mais je n'ai aucun regret : j'étais échec et mat avant même le début de l'élection, en raison du contexte sanitaire. Je ne vois pas ce que j'aurais pu faire de plus ou de moins pour l'emporter.

Si la crise du Covid explique largement le bon score des socialistes sortants, elle n'en est pas l'unique raison. Il est possible d'en trouver d'autres, qui sont éclairantes pour comprendre la mue opérée par le PS au cours des dernières années.

Consciemment ou inconsciemment, les socialistes ont fait le choix depuis vingt ans de se concentrer largement sur l'exercice du pouvoir au niveau local. Ils l'ont d'abord fait par nécessité, car, à partir du début des années 2000, c'est dans les communes, les départements et les régions qu'ils ont pu avoir des responsabilités, le niveau national s'étant refusé à eux par deux fois en 2002 et en 2007.

Ils l'ont fait aussi par opportunité, notamment dans les grandes villes, où leurs idées étaient plus en adéquation avec l'électorat. Depuis 1988, c'est en effet le Front national qui est devenu le premier parti ouvrier de France, et les classes populaires se sont largement réfugiées dans l'abstention et le vote protestataire.

Le cœur de l'électorat socialiste est maintenant constitué d'un socle urbain, de classe moyenne et supérieure, d'agents publics, de cadres et de professions intellectuelles et artistiques qui se retrouvent dans les villes de plus de 100 000 habitants. Certains les appellent les « bobos », pour « bourgeois-bohèmes ». Selon *Libération*, qui avait dressé mon portrait avant que je quitte l'Élysée, je suis la caricature de cette catégorie. Je suis donc bien mal placé pour critiquer cette réalité.

Quoi qu'il en soit, les socialistes ont de fait renoué avec le « socialisme municipal » qui avait fleuri en France au début du XXe siècle. Même si ce mouvement trouve ses origines en Grande-Bretagne, avec le « socialisme fabien », c'est surtout en France qu'il a joué un rôle essentiel et formateur. Il a servi de base au mouvement, qui refusa de participer au pouvoir national jusqu'en 1936. Synthèse entre la démocratie locale républicaine et la révolution des communards, il caractérise la politique des mairies socialistes à partir des années 1900-1930.

À l'époque, il a pour ambition de réaliser le socialisme à l'échelle locale, par la maîtrise publique du foncier et du développement économique au service de la classe ouvrière, de son éducation et de ses loisirs. On s'appuie sur des services publics municipalisés (transport, aide et logement sociaux, culture, eau, propreté...), financés par une fiscalité redistributive. Dans le même temps, on y forme des responsables politiques qui joueront plus tard des responsabilités au niveau national, si l'alternance arrive enfin.

Si on met de côté la courte expérience du Front populaire, c'est le socialisme municipal qui a servi de matrice au socialisme jusqu'à la victoire de Mitterrand en 1981. Dans les années 1970, il a même connu une nouvelle vie, avec les Groupes d'action municipale, qui ont constitué un tremplin et un vivier pour l'alternance.

Petit à petit, les socialistes ont ainsi pu prendre le contrôle de la majorité des grandes villes de France, même si dans certains territoires cela a pris plus de temps que prévu. À Paris, il a ainsi fallu attendre 2001 pour qu'un socialiste, Bertrand Delanoë, l'emporte, dans une triangulaire.

Je lui dois ma première grande joie politique. Je n'avais joué aucun rôle dans sa campagne, que je n'avais suivie que de loin, me contentant d'inviter mes amis et ma famille à voter pour lui. Le soir de la victoire, j'étais pourtant sur l'esplanade de l'Hôtel de Ville, fou de joie, agitant mes clefs, comme toutes les Parisiennes et Parisiens réunis ce soir-là.

Durant treize ans, il a dirigé la Ville de Paris d'une main de maître, très largement réélu en 2008 pour un second mandat. Je ressens encore aujourd'hui une immense fierté d'avoir pu travailler pendant de nombreuses années aux côtés du grand maire de Paris qu'il a été. Bertrand Delanoë a transformé la ville, en investissant dans les quartiers du nord-est qui avaient jusque-là été largement délaissés, en réinventant la façon de se déplacer, en agissant pour les familles et en menant une politique culturelle ambitieuse.

Politiquement, il était d'une habileté remarquable, capable de faire travailler ensemble une majorité très diverse, composée de communistes, d'écologistes, de radicaux, de chevènementistes et, bien sûr, de socialistes. Professionnellement, sa rigueur et son exigence étaient aussi légendaires que ses colères étaient homériques. Il disait sans cesse qu'il était avant tout un entrepreneur, un manager, et ça filait droit. Il savait s'entourer, c'était un exceptionnel découvreur de talents et la plupart de ses anciens collaborateurs jouent ou ont joué un rôle important au niveau national, comme par exemple Élisabeth Borne, aujourd'hui Première ministre, Aurélien Rousseau, qui dirige son cabinet, Rima Abdul-Malak, qui vient d'être nommée à la Culture, Nicolas Revel, ancien directeur de cabinet de Jean Castex, ou Anne de Bayser, ancienne secrétaire générale adjointe à l'Élysée. Humainement enfin, s'il était parfois dur, il était incroyablement attentif aux autres, drôle et curieux. Un homme rare.

En 2012, lors d'un meeting organisé sur l'esplanade du château de Vincennes, François Hollande, dans un de ses derniers discours de campagne, avait déclaré : « Ce que Bertrand Delanoë a réussi à Paris, c'est ce que nous devons faire au niveau national. » C'était un bel hommage et la preuve que le socialisme au niveau local a été et reste encore aujourd'hui la matrice de son action politique.

Cependant, s'il est formidable de diriger des villes, des départements et des régions, et de réussir à le faire malgré les difficultés rencontrées au cours des dernières années, cela ne peut suffire, et on peut regretter que, au-delà des victoires locales remportées depuis cinq ans, le PS n'ait pas utilisé ce quinquennat pour se réinventer.

Cinq ans sans se réinventer

Pendant cinq ans, alors qu'Emmanuel Macron asseyait son pouvoir, le PS a davantage semblé tourné vers le passé que vers l'avenir, achevant par là de creuser sa propre tombe.

Peu de nouveaux talents ont pu voir le jour. Mis à part Boris Vallaud, qui a réussi à s'opposer avec intelligence et dirige aujourd'hui le groupe PS à l'Assemblée nationale, et les maires de Montpellier – Michaël Delafosse –, Marseille – Benoît Payan – et Rouen – Nicolas Mayer-Rossignol –, qui ont été les nouveaux visages du PS ? Pendant ce temps-là, Gabriel Attal (LREM), né en 1989, Jordan Bardella (RN), né en 1995, et Adrien Quatennens (LFI), né en 1990, crevaient l'écran…

À gauche, l'éclosion de nouvelles personnalités a surtout été l'affaire des écologistes et des Insoumis. Les écologistes ont fait émerger de nouveaux talents lors des élections municipales, et des maires de tous âges ont pris le pouvoir à Besançon, Bordeaux, Lyon, Poitiers, ou encore Strasbourg. Les Insoumis l'ont fait à l'Assemblée nationale et pendant la campagne présidentielle, avec Ugo Bernalicis, Bastien Lachaud, Danièle Obono et bien sûr Mathilde Panot, la présidente du groupe parlementaire.

Dans le même temps, les formes de militantisme dans les sections et fédérations du PS n'ont pas évolué. Le parti est toujours structuré de façon hiérarchique et pyramidale, avec la section géographique comme cellule de base, les assemblées générales mensuelles et les tractages sur les marchés comme routine, alors que les citoyens ont aujourd'hui pris l'habitude de s'engager de manière plus souple, plus ouverte, le rythme et les périmètres variant en fonction des projets, des envies et de l'actualité.

Les militants ont de ce fait fui le parti, qui a été vidé de sa sève. Au moment du congrès d'Aubervilliers, en 2021, on comptait 22 000 militants à jour de cotisations. Il y a neuf ans, au congrès de Toulouse, ils étaient plus de 170 000. Il y a quatorze ans, au congrès de Reims, 230 000. Une hémorragie, qui s'explique autant par la déception des militants par rapport à l'exercice du pouvoir que par la spirale déprimante de la défaite et l'incapacité des dirigeants du parti à sortir de la sinistrose, à réintroduire de la joie, de la fierté, de l'enthousiasme. En l'absence de perspectives, les forces vives ont préféré quitter le navire.

Le PS, et c'est là un grave manquement, quand on connaît son ADN, n'a par ailleurs pas su véritablement se connecter au mouvement social. Le parti n'a pas renoué de liens de travail avec les syndicats, même ceux qui historiquement avaient toujours été proches de lui. La CFDT a ainsi tracé son propre chemin, avec cohérence et détermination, et elle est devenue une force plus attractive que lui. Comme il a eu l'occasion de le dire publiquement, Bertrand Delanoë n'a par exemple plus sa carte du parti, mais il est dorénavant adhérent de la CFDT. Une illustration frappante, à méditer…

Le PS n'a pas su non plus engager de dialogue durable avec les mouvements de la société civile, partis de la base, qui ont animé le quinquennat, des mouvements féministes aux mouvements écologistes en passant par les mouvements luttant contre le racisme et l'antisémitisme, qui sont pourtant historiquement et idéologiquement proches du parti, mais semblent aujourd'hui plus proches en pratique des écologistes ou des Insoumis.

Enfin, et surtout, le PS n'a pas réussi à bâtir de véritables projets de société. Anne Hidalgo avait un programme, mais on l'a découvert au fil de l'eau, sans qu'il ait pu être assis sur un travail de fond, avec les fameux think tanks et groupes d'experts dont j'ai eu l'occasion de parler, et encore moins dans les sections locales du vieux parti.

C'est bien dommage, car les idées constituent le cœur de l'action politique. Le PS devrait urgemment s'atteler à quelques chantiers majeurs et trancher certains débats essentiels à la définition de son identité.

Des chantiers pour la reconstruction

Affaiblis par ses lourdeurs bureaucratiques, pris au piège des rivalités entre les dirigeants et obnubilés par la conservation du pouvoir au niveau local, la gauche en général et le PS en particulier ont oublié de trancher des débats pourtant essentiels sur le fond.

Force est en effet de constater que sur beaucoup de sujets, la gauche ne sait plus ce qu'elle pense, ce qui l'a souvent conduite à se diviser et la bloque dans l'exercice du pouvoir.

C'est vrai pour de nombreuses questions déterminantes, mais je pense particulièrement à celles du rapport à l'entreprise, de l'écologie, de l'identité, de l'Europe et des institutions.

L'entreprise

J'ai grandi à une époque où il était assez facile de classer les gens à gauche ou à droite en fonction de leurs revenus, de leur patrimoine et de leur profession. Les « riches » étaient à droite, les « pauvres » à gauche. Ainsi, les chefs d'entreprise, les cadres dirigeants, les commerçants et les artisans étaient à droite, les employés, les ouvriers, les fonctionnaires et les artistes étaient à gauche.

Les choses ont changé, sous l'effet de l'expansion du capitalisme dans le monde et de son acclimatation en France. Aujourd'hui, à part à l'extrême gauche, plus personne ne conteste l'existence de ce système capitaliste. Il est loin le temps où Mitterrand affirmait, à la tribune du congrès d'Épinay, fondateur du Parti socialiste dont il prenait alors la tête : « Celui qui n'accepte pas la rupture avec l'ordre établi, avec la société capitaliste, celui-là, je le dis, ne peut être adhérent au Parti socialiste. »

Quand il était Premier ministre, Lionel Jospin a ainsi pu acter clairement cette conversion du PS au capitalisme, par ces mots aux airs de slogan : « Oui à l'économie de marché, non à la société de marché. »

Il n'en reste pas moins que dans l'inconscient socialiste, il existe toujours une méfiance vis-à-vis de l'argent, de ceux qui en gagnent et en accumulent, comme de ceux qui en créent. La plupart des militants et des électeurs de gauche pourraient tout à fait, encore aujourd'hui, reprendre à leur compte les mots de Jean Gabin dans le film *Le Président*, de Michel Audiard : « Il existe des patrons de gauche, je tiens à vous l'apprendre ! Il existe aussi des poissons volants, mais ils ne constituent pas la majorité du genre ! »

Pour ma part, devenu chef d'entreprise depuis cinq ans, je pense en toute subjectivité qu'on peut être patron et de gauche. C'est bien entendu le cas quand on travaille dans le secteur de l'économie sociale et solidaire, en plein développement. Mais cela peut aussi tout simplement être le cas quand on se fait un devoir indispensable, en tant que patron, de réfléchir à sa responsabilité sociale et environnementale, aux effets négatifs générés par l'activité que l'on développe et que l'on cherche à les limiter. C'est enfin le cas quand non seulement on crée de l'emploi et qu'on contribue à la croissance du pays par son activité, mais aussi quand on veille à la stricte égalité salariale entre les femmes et les hommes, à l'association des salariés à la prise de décision au sein de l'entreprise, et à la juste répartition des marges dégagées, entre investissement, augmentation des salaires et rémunération du capital. L'idéal est bien entendu de pouvoir ouvrir le capital de la société à ses salariés. Ce n'est pas encore le cas pour mon agence, la société étant encore jeune, mais j'espère pouvoir le faire prochainement.

Cependant, ces quelques caractéristiques brossées à grands traits ne doivent pas empêcher de s'interroger sur le bon équilibre à trouver entre soutien aux entreprises, sources essentielles de croissance et d'emploi, et nécessaire protection des salariés doublée d'une lutte résolue contre les inégalités.

Dans cette perspective, on ne peut que déplorer le fait que, depuis 2014, la balance ait très fortement pesé en faveur des entreprises et des détenteurs du capital. Depuis huit ans, si on met de côté la politique de soutien à la demande indispensable pour répondre à la crise sanitaire, François Hollande puis Emmanuel Macron ont en effet donné la priorité à une politique de soutien à l'offre, en baissant de façon continue les cotisations et les impôts pesant sur les entreprises. Cela a commencé avec le pacte de responsabilité, décidé par François Hollande, mais inspiré par Emmanuel Macron, alors secrétaire général de l'Élysée. À l'époque, Pierre Gattaz, le patron du Medef, s'affichait en permanence avec un badge « 1 million d'emplois », contrepartie promise par le patron des patrons en échange des baisses massives de charges prévues. Si le chômage a autant diminué aujourd'hui, c'est sans doute en partie grâce à cette mesure, mais surtout grâce à une politique monétaire accommodante qui a contribué à déverser des liquidités considérables dans l'économie.

Ce soutien massif aux entreprises s'est encore accru avec l'arrivée d'Emmanuel Macron à l'Élysée. Le néo-candidat n'avait cessé de faire de grandes déclarations sur son amour pour les entreprises quand il était à Bercy ou quand il était en campagne. Devenu président, il ne s'est plus contenté de mots d'amour aux patrons. Il leur en a surtout fourni des preuves, sonnantes et trébuchantes, en baissant drastiquement la fiscalité des entreprises et du capital. Il a supprimé l'impôt de solidarité sur la fortune, pour le remplacer par un impôt sur l'immobilier, auquel échappent les grandes fortunes en actions et obligations. Il a mis en place la « flat tax », un prélèvement forfaitaire unique de 30 % sur les revenus issus des capitaux, comme les dividendes.

Il a baissé de façon continue l'impôt sur les sociétés. Il a poursuivi la politique de baisse des charges sociales.

La fiscalité des plus modestes n'a pas suivi le même chemin, bien que la taxe d'habitation ait été progressivement supprimée, et que la redevance audiovisuelle doive l'être prochainement. Les impôts indirects – TVA, taxe sur les carburants, le tabac et l'alcool – sont restés à très haut niveau ou ont augmenté de façon substantielle, pesant relativement plus sur le budget des plus pauvres que sur celui des plus riches. Par ailleurs, les charges salariales et l'impôt sur le revenu grèvent encore fortement la rémunération des classes moyennes, dont le pouvoir d'achat a été fortement réduit en fin de mandat, par la hausse exponentielle de l'inflation.

Dans le même temps, l'assurance chômage a été réformée dans le sens d'une moindre indemnisation, et les retraites vont l'être également avec l'allongement prévu de la durée de cotisations et l'augmentation de l'âge de départ à la retraite, ce qui sera là encore plus préjudiciable aux plus modestes qui exercent des métiers plus pénibles et terminent leur vie professionnelle en moins bonne santé.

Lors du quinquennat qui s'ouvre, la gauche va devoir se positionner clairement sur ces questions et choisir son camp. Faut-il aligner la fiscalité du capital et du travail, comme cela avait été fait pendant le mandat de François Hollande ? Faut-il baisser les droits de succession ? Faut-il repousser l'âge légal de départ à la retraite ? Faut-il encore assouplir le droit du travail ? Sur tous ces sujets, qui doit décider ? L'État ou les partenaires sociaux ? Autant de débats dont la gauche va devoir s'emparer au plus vite pour ramener à elle le peuple de gauche et ses électeurs.

L'écologie

La campagne de 2012 avait été très fortement marquée par la question de l'écologie. Militants et observateurs de la campagne avaient fait la connaissance du combustible MOX, indispensable au fonctionnement des centrales nucléaires, dont l'utilisation et le retraitement avaient fait l'objet d'âpres discussions entre les écologistes et les socialistes en vue de parvenir à une plateforme programmatique commune pour les élections législatives. François Hollande avait par ailleurs pris l'engagement de fermer la centrale de Fessenheim. Cela n'a pas été le cas pendant son mandat, mais le mouvement a été suffisamment enclenché pour que la fermeture devienne inéluctable et qu'Emmanuel Macron y procède pendant son quinquennat.

On peut sans exagérer considérer que la première moitié du mandat de François Hollande a été largement écologiste, avec l'engagement de réduire la part du nucléaire dans le mix énergétique, puis la conclusion de l'Accord de Paris sur le climat, même si celui-ci a d'une certaine manière été l'arbre qui a caché la forêt d'une relative inaction dans ce domaine au cours de la seconde partie du quinquennat. À la décharge de François Hollande, il était alors accaparé par la lutte contre le terrorisme et celle contre le chômage, et le ministère de l'Écologie a connu une grande instabilité avec quatre ministres en cinq ans (Nicole Bricq, Delphine Batho, Philippe Martin et Ségolène Royal).

De surcroît, les écologistes avaient fait le choix de quitter le gouvernement en 2014, car ils ne voulaient pas participer à un gouvernement dirigé par Manuel Valls, pour des raisons louables, mais qui n'avaient pas grand-chose à voir avec l'écologie. Cécile Duflot a ainsi refusé d'être ministre en charge de l'Écologie et numéro 2 du gouvernement, comme cela lui a été proposé. Elle devait penser qu'elle pourrait revenir plus tard, ou bénéficier de sa sortie pour donner de la crédibilité à sa candidature à la présidentielle. L'histoire en a décidé autrement. Elle n'a pas été candidate à la présidentielle, battue par Yannick Jadot à la primaire de 2016, a perdu aux élections législatives de 2017 et a aujourd'hui quitté la politique active pour diriger une ONG.

Pendant la seconde partie du quinquennat, on a alors souvent eu l'impression que l'écologie passait au second plan, et les couacs ont été nombreux, comme l'invraisemblable pataquès autour de la construction de l'aéroport de Notre-Dame-des-Landes. François Hollande ne voulait pas trancher sur le sujet, pris entre les exigences contradictoires de deux camps : d'un côté Jean-Marc Ayrault, ancien maire de Nantes, qui tenait à la construction d'un aéroport, et Manuel Valls, qui voulait démontrer son autorité en maintenant l'aéroport ; de l'autre côté, une partie des socialistes, tous les écologistes et les Insoumis, soutiens des zadistes et hostiles à la construction de cette infrastructure très consommatrice d'énergie et d'espace.

On touche ici du doigt un des problèmes clefs à régler pour la gauche. Doit-elle continuer à soutenir la construction de grandes infrastructures dans les transports, notamment dans le domaine aérien ? Plus généralement, doit-elle continuer à être favorable à la relance par l'investissement ou au contraire n'exiger que des investissements dans le développement durable ? Doit-elle aller encore plus loin, faire de la sobriété son nouveau mantra et prôner la décroissance ou au moins une croissance plus raisonnable, dont l'indicateur ne serait pas l'augmentation du PIB ?

Elle doit aussi se mettre d'accord sur la question du nucléaire. Pendant le premier quinquennat d'Emmanuel Macron, celui-ci a fait un étonnant retour en grâce. Alors que l'énergie nucléaire était vilipendée après l'accident de Fukushima, parce que perçue à juste titre comme dangereuse, très onéreuse et peu respectueuse de l'environnement (l'uranium n'est pas une ressource locale, et on ne sait toujours pas comment traiter les déchets), elle est maintenant quasiment présentée dans le débat public comme une énergie verte, permettant de lutter contre le réchauffement climatique, car décarbonée (belle opération de marketing – un chouïa cynique – de la part de l'industrie nucléaire).

À l'heure actuelle, les écologistes et les Insoumis proposent de sortir du nucléaire. Les communistes sont contre. Les socialistes sont partagés. Il va falloir trancher, et ce sans s'en remettre à un référendum, comme pour Notre-Dame-des-Landes ! Il faudra faire de même s'agissant du développement des énergies renouvelables et décider une fois pour toutes d'assumer une position pour ou contre l'éolien, le solaire, le gaz vert et la géothermie, sans craindre les critiques et contestations qui viendront immanquablement.

En tout cas, alors que le GIEC a alerté une nouvelle fois en 2022 sur l'urgence de prendre des mesures ambitieuses pour limiter le réchauffement climatique, et que nous venons de vivre un nouvel été caniculaire, il est impératif que la gauche clarifie ses positions sur la question environnementale, et, surtout, parvienne à trouver les mots pour en parler, ce qu'elle n'a pas réussi à faire lors de la dernière élection présidentielle.

L'identité

Cent quarante ans après le fameux discours d'Ernest Renan, « Qu'est-ce qu'une nation ? », les Français continuent de s'interroger sur ce qui les unit et fait leur spécificité. Les termes du débat n'ont pas vraiment changé en un siècle et demi. D'un côté, une vision objective de la nation française, qui veut fixer l'appartenance à partir de critères, comme la langue, la religion, l'origine, la géographie, et débouche sur un nationalisme fermé. On ne devient pas français facilement, on l'est, ou, si on le devient, on doit vraiment le mériter. De l'autre côté, une vision subjective de la nation française, reposant sur la volonté d'être français, sur une adhésion philosophique aux valeurs républicaines, qui conduit à un nationalisme ouvert. Peut devenir française toute personne qui le souhaite, si elle adhère à un certain système de valeurs.

Bien que tranché par le droit, qui fixe strictement les conditions pour devenir français et vivre en France, ce débat continue de traverser l'ensemble de l'échiquier politique. Il ne concerne pas que l'extrême droite ou même la droite. Il s'étend sur la totalité du spectre politique, jusqu'à la gauche, qui se déchire allègrement sur le sujet. Pendant le mandat de François Hollande, cela a par exemple débouché sur la rocambolesque affaire Leonarda, dont j'ai déjà parlé, à la polémique sur la déchéance de nationalité également évoquée plus haut, et aux prises de position surprenantes de Manuel Valls sur l'interdiction du voile à l'université ou du burkini sur les plages. Ce dernier sujet n'en finit d'ailleurs pas d'enflammer le débat public et la gauche, comme l'a encore récemment montré la polémique déclenchée par Éric Piolle, le maire de Grenoble, qui a mis le feu aux poudres en modifiant le règlement des piscines municipales de la ville pour y permettre explicitement aux femmes de porter le burkini.

Un mouvement politique – le « Printemps républicain » – est né à gauche, en mars 2016, pour se consacrer à cette question, à l'initiative notamment de Laurent Bouvet, professeur des universités, politologue et inventeur du concept d'« insécurité culturelle », de Gilles Clavreul, ancien conseiller de François Hollande et délégué interministériel à la lutte contre le racisme, et d'Amine El Khatmi, conseiller municipal PS à Avignon, qui préside aujourd'hui le mouvement.

Selon son manifeste, le mouvement entend lutter contre « l'extrême droite comme l'islamisme politique » et défendre une laïcité « remise en cause de toutes parts, manipulée à des fins politiques par certains, attaquée à des fins religieuses par d'autres, ignorée de beaucoup par indifférence ».

Nous voici au cœur du sujet. En effet, même à gauche, l'interrogation actuelle sur l'identité française est directement liée à la place de l'islam en France. C'est le chemin politique que suit l'extrême droite. Au Rassemblement national, aujourd'hui, le sujet est toujours l'immigration, mais c'est surtout de la place des musulmans en France qu'il s'agit, qu'ils soient français ou non, qu'ils soient croyants ou non. Éric Zemmour est le plus explicite et il a même fait de ce sujet la matrice de son projet politique, parlant de « grand remplacement » et appelant à la « remigration ».

D'une manière bien moins radicale, la droite et la gauche républicaine s'interrogent depuis longtemps sur la place de l'islam en France et l'expression par les musulmans de leur foi. Ce fut le cas d'abord sous Jacques Chirac, avec l'interdiction du port de signes religieux ostensibles dans les écoles, collèges et lycées publics (on sait bien que ce n'étaient pas les croix ou les kippas qui étaient visées, mais les voiles des jeunes musulmanes), puis sous Nicolas Sarkozy, avec la création d'un ministère de l'Immigration et de l'Identité nationale, et l'interdiction du port de la burqa dans l'espace public. Une partie de la gauche a suivi le même cheminement, en lançant des débats sur le port du voile – au nom notamment du féminisme – et en instrumentalisant le concept de laïcité.

Un petit rappel s'impose. La laïcité a un fondement constitutionnel. Certains proposent de temps en temps de l'inscrire dans la Constitution, oubliant sans doute qu'elle figure en son article 1er. Ce sont même ses premiers mots : « La France est une République indivisible, laïque, démocratique et sociale. » Cela veut dire que nos institutions, l'État, les collectivités locales, les services publics sont laïcs, c'est-à-dire qu'ils ne doivent exprimer aucune conviction religieuse, qu'ils sont totalement séparés de tous les cultes, conformément à la loi du 9 décembre 1905 concernant la séparation des Églises et de l'État. Ainsi, par exemple, un agent public n'a pas le droit de porter une kippa, un crucifix, un voile ou quelconque symbole religieux. La puissance publique ne peut pas subventionner des cultes. Les dirigeants politiques ne peuvent pas exprimer de convictions religieuses.

En revanche, cela ne veut pas dire que la société est athée ou agnostique. Cela ne veut pas dire qu'il est interdit de croire en Dieu ou d'exprimer sa foi, par ses paroles, son comportement ou ses vêtements. On a ainsi le droit de se promener avec un signe religieux ostensible dans la rue. On peut manger ce que l'on veut, et même jeûner si on le souhaite. On peut croire ou ne pas croire, aller à l'église, à la mosquée ou à la synagogue. Chacun est libre de ses actes et de sa conscience. C'est justement ce que permet la laïcité. C'est un principe de liberté, comme l'a magistralement écrit, à propos de l'enseignement laïc, le regretté David Kessler dans ses conclusions de commissaire du gouvernement qui avaient éclairé la décision Kherouaa du Conseil d'État du 2 novembre 1992 : « L'enseignement est laïc non parce qu'il interdit l'expression des différentes fois, mais au contraire parce qu'il les tolère toutes. »

Pour l'instant, la digue tient. Ni François Hollande ni Emmanuel Macron n'ont cédé de terrain législatif ou constitutionnel sur la question de la laïcité, malgré les pressions pour en faire un principe dirigé contre la pratique religieuse, et même plus particulièrement contre l'islam. Pendant la campagne présidentielle, aucun candidat de gauche n'a proposé de modifier les principes en vigueur, mais une partie de la gauche reproche à Jean-Luc Mélenchon de ne pas être assez clair sur le sujet. La levée de ces doutes sera sans doute une condition nécessaire pour construire un rassemblement durable et solide.

De la même manière, la gauche gagnerait sans doute à clarifier sa position sur l'immigration. Qui doit être accueilli ? Seulement les demandeurs d'asile ? Doit-on continuer à accueillir des étudiants ? Faut-il relancer l'immigration économique ? Doit-on continuer à développer le regroupement familial ?

Enfin, en matière d'intégration, quel est le modèle défendu par la gauche ? En 1998, Lionel Jospin était Premier ministre et on célébrait la France « Black, Blanc, Beur ». En janvier 2012, François Hollande appelait à une « France de la diversité où chacun apportera sa différence ». Pendant la campagne présidentielle, Anne Hidalgo et Yannick Jadot ont globalement tenu des discours en faveur de la réhabilitation du modèle d'intégration à la française, fondée sur l'école républicaine et la lutte contre les discriminations, mais sans réussir à imposer le sujet dans le débat public. C'est Jean-Luc Mélenchon qui est allé le plus loin, avec son concept de créolisation, inventé par l'écrivain Édouard Glissant, et que l'on peut définir comme l'idée que des personnes d'origines différentes qui se trouvent réunies dans un endroit du monde participent à la création d'une nouvelle identité. Quelle vision doit s'imposer ? Sur ce sujet crucial aussi il faudra trancher.

L'Europe

La gauche ne s'est pas encore remise du référendum de 2005.

À l'époque, l'élargissement de l'Union européenne avait rendu indispensable une refonte des institutions européennes, qui ont été bâties pour un nombre restreint d'États. Ils étaient restés moins de dix membres pendant trente ans, ils allaient être plus de vingt-cinq. Il fallait donc changer les textes et en profiter pour démocratiser le fonctionnement des institutions et simplifier et fondre les traités en un authentique texte constitutionnel, comme le font les États démocratiques.

Valéry Giscard d'Estaing a alors été mandaté par les États membres pour élaborer un texte, qui a été assez vite approuvé par les institutions. Étape nécessaire, mais pas suffisante, car il fallait encore que tous les États l'approuvent. En France, Jacques Chirac a fait le choix de recourir au référendum, ce qui a plongé la gauche dans un grand embarras.

« Quelle erreur ! » m'a dit François Hollande quand je l'ai interrogé sur le sujet. Il faut dire que l'ancien président a subi directement les conséquences de la décision chiraquienne. Si, en 1992, c'est la droite qui s'était déchirée sur l'adoption du traité de Maastricht, provoquant un schisme interne au RPR entre Jacques Chirac, pour le oui, et Philippe Séguin et Philippe de Villiers, pour le non, cette fois c'est le bloc de gauche qui s'est cassé en deux.

François Hollande a voulu saisir l'occasion pour trancher la question de l'orientation du PS dans le domaine européen par une consultation des militants. C'était une bonne idée sur le papier, mais le remède a été pire que le mal. La campagne a révélé les fractures internes au parti, et la victoire du oui n'a pas dissuadé les tenants du non de continuer à faire campagne contre le traité.

« Il y a toujours une bonne raison de dire non », disaient-ils à l'époque, le sourire en coin. Certains fustigeaient la technocratie européenne ou le prisme libéral de la politique conduite à Bruxelles, d'autres reprochaient aux dirigeants européens de nous déposséder de notre souveraineté, de transformer le continent en passoire migratoire ou de vouloir élargir l'Union européenne jusqu'à la Turquie ou au Maroc.

Dans le camp du oui, il y avait alors beaucoup de certitudes et peu d'arguments puissants. Au fond, personne ne portait plus vraiment l'espoir européen. La construction européenne n'était plus un rêve, mais un embrouillamini de procédures et politiques publiques abstraites.

Militant local du PS, malgré mes doutes, j'avais un peu fait campagne à l'époque pour le oui, et j'en avais surtout beaucoup parlé autour de moi. La plupart de mes amis allaient voter oui, mais sans conviction. Les citoyens que je croisais sur les marchés étaient très remontés. Personne ne parlait des bienfaits de l'euro, d'Erasmus ou de la fin des frontières. Tout le monde avait quelque chose à reprocher à « Bruxelles ». La bataille culturelle était perdue, notamment au sein de la jeunesse.

Le résultat a été sans appel. Le non l'a emporté avec 54,68 % des voix. Une énorme claque pour Jacques Chirac, mais aussi pour François Hollande, qui s'est alors vu empêché de se préparer à être candidat à l'élection présidentielle de 2007.

Il n'y avait pas de plan B après ce rejet, contrairement à ce que prétendaient les tenants du non. Résultat, depuis dix-sept ans, l'Europe est en panne, en attente d'un nouvel espoir, et se contente de gérer les crises les unes après les autres, avec plus ou moins de succès, mais toujours dans une grande confusion. La crise ukrainienne a cependant constitué une exception, les États membres parvenant à parler d'une seule voix et à s'entendre progressivement sur des sanctions économiques vis-à-vis de la Russie.

Les logiques fédérale et nationale se superposent en permanence dans le processus décisionnel, de sorte que personne ne sait qui est responsable de quoi, entre les institutions européennes et les États membres, ceux-ci se plaisant à tirer la couverture à eux en cas de succès et à accuser « Bruxelles » en cas de difficulté. En réalité, la plupart du temps, on ne décide rien, la procrastination semblant parfois être le moteur des négociations, les parties prenantes donnant l'impression d'appliquer au pied de la lettre l'adage d'Henri Queuille : « Il n'est pas de problème dont l'absence de solution ne finisse par venir à bout. » J'ai souvent pu le constater en allant à Bruxelles quasiment une fois par mois, dans le sinistre bâtiment du Conseil de l'Union européenne, le « Justus Lipsius », d'abord avec Laurent Fabius, dont l'euroscepticisme était légendaire depuis 2005, et qui restait sur place moins d'une demi-journée, le temps d'exprimer le point de vue de la France sur les grandes crises internationales, puis avec François Hollande, qui, lui, jouait le jeu et y restait des heures et des heures à négocier, comme il avait sans doute appris à le faire des nuits durant pour parvenir à des synthèses lors des congrès du PS.

Dans l'impasse institutionnelle, l'Europe n'a pas réussi non plus à intégrer de nouvelles politiques, à se donner un nouvel élan. Elle est jugée responsable de tous les maux des Français, et même ses politiques les plus anciennes sont brocardées. C'est le cas notamment de la politique agricole commune, qui a permis au continent d'assurer son autosuffisance alimentaire et de garantir une relative diversité des cultures et des paysages. La France en bénéficie largement, et c'est pourtant dans notre pays qu'elle essuie les critiques les plus sévères, de la part des exploitants agricoles, grands ou petits, des politiques et des observateurs les plus fins de notre société, comme Michel Houellebecq, qui a dédié à ce sujet des pages aussi drôles qu'acides de son livre *Sérotonine*, dans lequel il tire à boulets rouges sur l'Union européenne, le libre-échange et sa politique en matière de quotas laitiers.

Malgré ces problèmes et le besoin de réformer en profondeur l'Union européenne, la gauche est toujours aussi déchirée. Les socialistes les plus favorables à la construction européenne ont décidé de rejoindre Emmanuel Macron. Ceux qui sont restés au PS sont partagés sur l'attitude à tenir mais demandent dans leur majorité une réorientation de la construction européenne, comme Lionel Jospin et François Hollande l'avaient appelée de leurs vœux sans y parvenir quand ils étaient au pouvoir. Les écologistes sont très favorables à la construction européenne. Les Insoumis y sont clairement hostiles et sont pour désobéir aux traités. C'est d'ailleurs sur cette question de la « désobéissance » aux traités que se sont cristallisés les débats au moment de la constitution du programme de la Nouvelle Union populaire écologiste et sociale (NUPES), en vue des législatives, même si les désaccords sur le sujet me semblent plus porter sur la forme que sur le fond.

Il y a beaucoup de posture dans ces discours, car au fond personne à gauche ne souhaite que la France quitte l'Union européenne ou sorte de la zone euro, et tout le monde aspire à une réorientation de la construction européenne vers plus de justice sociale, d'écologie et de démocratie.

Il y a cependant des questions importantes et concrètes qui doivent être tranchées clairement : faut-il continuer à élargir l'Union européenne, par exemple à l'Ukraine et à la Moldavie, comme on l'envisage enfin maintenant, ou à tous les États de l'ex-Yougoslavie ? Faut-il supprimer la règle de l'unanimité dans le processus de décision des institutions, ce qui renforcerait la dimension fédérale de l'Union ? Faut-il remettre en cause définitivement le pacte de stabilité et de croissance, qui est suspendu depuis longtemps ? Quid des règles de libre circulation des personnes, des biens, des capitaux et des services qui fondent le marché commun ? Quelle est la position de la gauche sur la défense européenne ? En faut-il une ou doit-on se concentrer sur nos capacités nationales ou sur celles de l'OTAN ? Est-on prêts à transférer des ressources importantes au niveau fédéral pour alimenter un plus gros budget européen ? Faut-il davantage ouvrir nos frontières aux migrants et mieux répartir ceux-ci entre les États membres ?

Derrière chacune de ces questions, il y a de quoi nourrir des débats explosifs à gauche pendant des années.

Les institutions

Depuis 1958, la gauche entretient une relation ambiguë avec les institutions de la Vᵉ République. Mitterrand a d'abord été totalement contre, fustigeant « le coup d'État permanent » du général de Gaulle, avant de se couler avec aisance dans le costume du monarque républicain de 1981 à 1995. Lionel Jospin n'a jamais vraiment remis en cause les institutions et a plutôt favorisé leur dimension présidentialiste en soutenant l'instauration du quinquennat et l'inversion du calendrier électoral. François Hollande a pour sa part été longtemps favorable aux équilibres institutionnels actuels et n'a pas cherché à les modifier.

Quand je le conseillais à l'Élysée, j'ai pu de nombreuses fois observer la solidité de nos institutions, notamment quand est survenue une grave crise. Ce fut notamment le cas lorsque notre pays a été attaqué par le terrorisme. Grâce aux pouvoirs que lui confère la Constitution et à sa légitimité issue du suffrage universel, le Président a pu décider vite, et bien, et prendre les mesures indispensables afin de riposter et protéger les Français. Il en a été de même à l'époque de Nicolas Sarkozy, face à la crise financière de 2008, ou pendant le premier quinquennat d'Emmanuel Macron, face à la crise sanitaire de 2020.

J'ai aussi pu constater la force que le régime donne au Président pour agir à l'international. Dans ce domaine – dit « réservé » –, le chef de l'État agit en pratique avec beaucoup de liberté, ce qui lui permet de prendre des décisions rapides et efficaces pour défendre nos intérêts dans le monde. C'est ainsi que François Hollande a pu décider en urgence d'intervenir au Mali, alors que des terroristes islamistes fonçaient sur Bamako, qu'il a pu ordonner des frappes en Syrie et en Irak contre Daech, qu'il a pu se rendre en un instant à Minsk pour négocier un cessez-le-feu en Ukraine avec Vladimir Poutine, Angela Merkel et Petro Porochenko, ou encore qu'il a pu proposer d'accueillir la COP 21 sur le climat et de maintenir son organisation alors que tout le monde le pressait de l'annuler, quelques semaines après les attentats de novembre 2015.

J'ai enfin pu mesurer l'ampleur de ses pouvoirs pour réformer le pays, en début de quinquennat, quand, tout juste oint par le suffrage universel, il peut prendre des décisions importantes. Pour François Hollande, ce furent la retraite à soixante ans pour les carrières longues, la création de la Banque publique d'investissement et le mariage pour tous. Avant lui, pour Valéry Giscard d'Estaing, cela avait été la majorité à dix-huit ans et la dépénalisation de l'avortement ; pour François Mitterrand, l'abolition de la peine de mort, la décentralisation, la cinquième semaine de congés payés et les 39 heures ; pour Jacques Chirac, la reprise des essais nucléaires dans le Pacifique et la suppression du service militaire ; pour Nicolas Sarkozy, l'exonération des heures supplémentaires et le bouclier fiscal. Après lui, pour Emmanuel Macron, lors de son premier quinquenat, cela aura été la suppression de l'ISF et de la taxe d'habitation, et la baisse drastique de la fiscalité du capital et des entreprises.

En France, même quand le pays est en grève, que les gens manifestent, l'exécutif dispose de la légitimité politique, de la majorité parlementaire et des pouvoirs constitutionnels, notamment le 49.3, qui lui permettent de faire passer ses réformes. On se souvient des reculs, comme le retrait de la loi sur l'école en 1984, de la loi sur l'université en 1986, de celle sur le CIP en 1994, de celle sur les régimes spéciaux de retraite en 1995, du CPE en 2006 ou de la taxe carbone en 2018. On devrait plutôt retenir le nombre incalculable de fois où des réformes sont passées, malgré l'opposition parlementaire et les manifestations. Réforme des universités et des retraites pendant le quinquennat de Nicolas Sarkozy, mariage pour tous et réforme du droit du travail pendant celui de François Hollande, réforme de la SNCF et de l'assurance chômage pendant celui d'Emmanuel Macron.

Faut-il pourtant s'en réjouir ? Non, à l'évidence. Notre régime est devenu beaucoup trop déséquilibré, en faveur de l'exécutif, ce qui n'est ni efficace, ni sain. Le Président est aujourd'hui dans une position d'ultra-domination du champ politique. En pratique, ni le gouvernement, ni le Parlement, ni le pouvoir judiciaire ne peuvent s'opposer à sa volonté. Les démissions ministérielles pour motif politique sont rares, il est très difficile de censurer le gouvernement, même quand celui-ci ne dispose que d'une majorité relative, comme c'est le cas actuellement, et les enquêtes et mises en examen visant des ministres sont devenues monnaie courante et ne font plus trembler personne, visiblement.

Le seul contre-pouvoir qui reste, c'est donc la rue, et c'est désespérant démocratiquement, car cela installe l'exécutif, et d'abord le Président, dans un face-à-face dangereux avec la partie la plus mobilisée et parfois violente de l'opinion publique. La contestation politique ne pouvant trouver de débouchés dans le cadre des procédures démocratiques normales, il ne reste que la radicalisation pour exprimer une opposition. C'est ce qu'on a pu constater de façon sidérante pendant la crise des Gilets jaunes, qui a conduit au blocage d'une partie du pays tous les samedis pendant de nombreux mois, à de nombreuses destructions de biens, publics et privés, et à des morts, sur les ronds-points, ainsi qu'à de très nombreux blessés, du côté des manifestants comme des forces de l'ordre.

Pour ceux qui ne veulent pas exprimer leur opposition en manifestant ou en ayant recours à la violence, il reste la résignation, qui peut prendre des formes bien différentes, du repli sur soi à la moquerie sur les réseaux sociaux, en passant par l'abstention qui ne cesse d'augmenter avec le temps. Ainsi, lors des élections législatives de 2017 et 2022, moins d'un Français sur deux a voté, et ils ont été à peine un tiers lors des élections locales intermédiaires. Le mécontentement peut aussi malheureusement s'exprimer par le vote en faveur des extrêmes, notamment l'extrême droite, dont le score cumulé aux élections dépasse maintenant systématiquement le quart des voix.

Comment sortir de cette spirale ? La tentation pourrait être de compter sur le *self-restraint* de nos dirigeants, sur leur vertu personnelle, leur désir d'être populaire ou leur volonté de rester dans l'histoire. Les événements récents ont montré que ni Nicolas Sarkozy, ni François Hollande, ni Emmanuel Macron ne se sont comportés en autocrates. Aucun d'eux n'a l'âme du Palpatine des premiers épisodes de *Star Wars*, qui profiterait des crises pour installer une dictature. Certes, on peut regretter la limitation des libertés publiques que nous avons dû subir pendant les attentats ou la crise sanitaire, mais nous n'avons jamais basculé du côté obscur de la force, les institutions continuant de se réunir, les oppositions de s'exprimer, les médias de jouer leur rôle.

Ce n'est cependant pas suffisant. On ne peut que ressentir un malaise devant ce déséquilibre des pouvoirs, qui conduit l'exécutif à s'installer dans une relation paternaliste avec les citoyens, ce qui me semble bien peu mature d'un point de vue démocratique. La crise sanitaire en a fourni de très nombreux exemples qui nous ont souvent donné envie de rire ou de pleurer, de l'auto-attestation pour sortir de chez soi à la prohibition des pop-corn dans les cinémas en passant par l'interdiction de danser ou d'être debout dans les bars et les cafés. Surtout, ce déséquilibre démocratique produit des blocages, annihile les plus grandes ambitions réformatrices une fois passé l'état de grâce des débuts et entretient la défiance, l'abstention et le vote en faveur des extrêmes.

Si la gauche veut revenir au pouvoir, elle va devoir clarifier sa position sur plusieurs sujets institutionnels sensibles, qui peuvent conduire à d'importants changements.

Certains de ces changements ne nécessitent pas de modifier la Constitution. C'est le cas de l'introduction d'un nouveau mode de scrutin pour élire les députés. Le scrutin actuel – uninominal, majoritaire, à deux tours – favorise les grands partis, et surtout le parti présidentiel. Il présente l'avantage de permettre de dégager des majorités nettes, mais l'inconvénient de gommer la diversité des opinions politiques au sein du pays. En somme, il est efficace, mais injuste. Faut-il le maintenir ou au contraire opter pour la proportionnelle, comme Mitterrand l'avait fait en 1986 ?

Au-delà du changement du mode de scrutin, on peut envisager des scénarios plus radicaux, qui nécessitent de modifier la Constitution.

Le premier consiste à suivre la voie imaginée par Jean-Luc Mélenchon et Arnaud Montebourg, et à fonder une VIe République. Pour ce faire, il faudrait transformer l'Assemblée nationale élue en une assemblée constituante, qui pourrait elle-même solliciter l'avis des citoyens, tout au long de ses travaux. Du passé, on pourrait alors faire table rase, et tout serait possible. On pourrait par exemple remettre en cause l'élection du président de la République au suffrage universel, qui est actuellement la matrice de notre système politique, et dont on connaît à la fois les avantages – légitimité et stabilité – et les inconvénients – déséquilibre du pouvoir, sentiment de toute-puissance présidentielle et personnification à outrance du débat politique, au détriment des idées et de la délibération collective. On pourrait aussi réformer en profondeur le Sénat, comme le général de Gaulle le souhaitait en 1969, peut-être en le fusionnant avec le Conseil économique et social.

En somme, il s'agirait alors de mettre en place un régime parlementaire, proche du système allemand ou italien, avec un exécutif bicéphale, où le Premier ministre aurait l'ascendant sur un président élu indirectement, et un Parlement bicaméral où la chambre basse, l'Assemblée nationale, élue à la proportionnelle, serait le centre de gravité du pouvoir.

On pourrait y ajouter un authentique référendum d'initiative citoyenne, comme il en existe en Suisse, dont le seuil de déclenchement serait assez bas pour qu'il puisse être effectif.

L'autre scénario consiste à procéder à une révision constitutionnelle de grande ampleur, qui modifierait fortement les équilibres institutionnels. Ce fut le cas en 2008, et comme à l'époque, on pourrait confier à un groupe de personnalités de haut rang le soin de conduire des travaux préparatoires, en y associant au maximum les citoyens. Il serait à cet égard particulièrement enthousiasmant que cette commission soit coprésidée par Nicolas Sarkozy et François Hollande. L'exécutif aurait ensuite – conformément à l'article 89 de la Constitution – la charge de préparer un projet de loi constitutionnelle, qui serait discuté par les deux chambres, qui devraient le voter dans les mêmes termes. Enfin, idéalement, c'est la voie du référendum qui devrait être choisie pour l'approbation, plus que celle du congrès, afin que la révision constitutionnelle dispose d'un maximum de légitimité.

Sur le fond, ce projet pourrait aller dans le sens de l'instauration d'un régime de type présidentiel, comme il en existe notamment aux États-Unis. Le Président serait toujours élu au suffrage universel direct, à deux tours, mais il ne pourrait plus dissoudre l'Assemblée nationale, et son gouvernement ne serait plus responsable devant l'Assemblée. En contrepartie, le gouvernement ne disposerait plus des mécanismes du parlementarisme rationnalisé – maîtrise de l'ordre du jour, vote bloqué, 49.3 – qui lui permettent d'avoir la main sur la procédure législative. Le Parlement serait indépendant, à égalité avec le Président, qui serait à la fois chef de l'État et du gouvernement.

À la fin de son mandat, François Hollande était devenu favorable à la suppression de la fonction de Premier ministre, sans doute parce qu'il n'avait pas très bien vécu d'avoir un rival – Manuel Valls – à Matignon, qui voulait prendre sa place. Il me disait souvent : « Le problème, quand on est Premier ministre, c'est qu'on finit toujours par vouloir être président. » C'est le syndrome bien connu d'Iznogoud, le grand vizir qui veut devenir calife à la place du calife. L'histoire a permis de le vérifier : Pompidou voulait la place de de Gaulle, Chirac voulait celle de Giscard puis de Mitterrand, Balladur voulait celle de Mitterrand, Fillon celle de Sarkozy, Valls celle de Hollande, Philippe celle de Macron. Ils n'y arrivent que rarement, et jamais tout de suite, mais cela crée des tensions au quotidien entre les deux côtés de la Seine.

Dans son dernier ouvrage, *Affronter*, François Hollande va plus loin et se dit favorable à la mise en place d'un régime présidentiel. Cela peut sembler surprenant de la part d'un grand défenseur du parlementarisme, député pendant quatre législatures. C'est pourtant assez logique. Il a du recul, et l'exercice du pouvoir lui a sans doute fait réaliser qu'il fallait que la séparation des pouvoirs soit plus nette pour que notre démocratie soit plus équilibrée.

Parallèlement, cette révision constitutionnelle pourrait aussi prévoir quelques autres mesures, notamment pour renforcer l'indépendance du pouvoir judiciaire, comme la réforme du Conseil supérieur de la magistrature, souhaitée par François Hollande et Emmanuel Macron, mais bloquée par le Sénat, qui ne semble pas vouloir retirer au pouvoir exécutif sa capacité de nomination des magistrats du parquet. On pourrait aussi assouplir le référendum d'initiative partagée, pour le rendre effectif. Enfin, sans fusionner le Sénat et le Conseil économique, social et environnemental, on pourrait imaginer une réforme en profondeur de ce dernier. Pourquoi pas en faire une assemblée de citoyens tirés au sort, sur le modèle de la Convention citoyenne pour le climat ? Cela permettrait davantage de démocratie participative au quotidien, et notre pays en a bien besoin.

Quoi qu'il en soit, au-delà du catalogue de mesures et propositions que la gauche devrait s'atteler à examiner, il y a déjà de nombreux scénarios ambitieux sur la table. Aux partis et au peuple de gauche de s'en saisir et de les trancher, pour réimpulser une dynamique positive à cette belle idée que fut la gauche.

Conclusion

Depuis 2017, les repères politiques ont été brouillés au maximum par Emmanuel Macron. Il avait promis le dépassement du clivage droite-gauche en faisant appel aux hommes et aux femmes de bonne volonté. Il a progressivement effacé ce clivage, au profit d'autres oppositions, entre Européens et nationalistes, modérés et extrémistes ou encore démocrates et populistes.

Ce clivage qu'Emmanuel Macron a cherché à dépasser existe pourtant, comme le montrent les résultats des législatives qui débouchent sur la constitution de trois blocs politiques à l'Assemblée nationale : un bloc d'extrême droite, celui du RN, un bloc de centre droit autour des Républicains et de Renaissance, un bloc de gauche avec les élus de la Nupes. Certes, ces deux derniers blocs sont plus hétérogènes que le premier, mais il existe bel et bien des lignes de partage partisanes et de clivage politique.

Tout le monde ne pense pas pareil sur tout. Le pragmatisme a ses limites, et, contrairement à ce que dit l'adage thatchérien TINA, « *There is no alternative* », il y a toujours plusieurs façons de poser un problème politique et d'y répondre. Ceux qui prétendent le contraire sont soit des technocrates suffisants qui pensent tout savoir sur tout (j'en connais, j'ai fait mes études avec une partie d'entre eux), qui suppriment les aides au logement pour les étudiants taxées d'inefficacité ou qui ne comprennent pas pourquoi la taxe carbone n'est pas une bonne idée, soit des gens de droite.

Le clivage droite-gauche conserve en effet sa puissance. Et pour s'en persuader, il suffit de s'interroger sur les priorités politiques que l'on se donne. Ainsi, si vous voulez savoir où vous vous situez sur l'échiquier politique, il suffit de vous demander : « Qu'est-ce qui est le plus important ? Sur quels sujets les dirigeants politiques doivent-ils se concentrer en premier ? » Et si vous voulez savoir à quel bord politique appartient un ami, un collègue ou un membre de votre famille, posez-lui les questions suivantes : « Selon toi, est-ce normal qu'il y ait des riches et des pauvres ? Est-ce que réduire les inégalités devrait constituer une priorité pour nos politiques ? » Vous ne serez sans doute pas déçu de la réponse...

Une personne de droite lèvera sans doute les yeux au ciel. Elle répondra qu'il est normal qu'il y ait des riches et des pauvres et aura peut-être même l'humour de citer Louis de Funès interprétant Don Salluste dans le film *La Folie des grandeurs* : « Les riches, c'est fait pour être très riches, et les pauvres très pauvres. » Ou alors elle vous dira qu'il est impossible voire utopique de prétendre vraiment réduire les inégalités. Au passage, elle pourra vous qualifier de « bobo », de « gauche caviar » ou de « révolutionnaire de Saint-Germain-des-Prés », comme cela m'arrive encore souvent. C'est rafraîchissant.

La gauche n'a certes pas totalement « le monopole du cœur » et les gens de droite ont aussi « un cœur qui bat », comme l'avait rappelé Giscard d'Estaing lors de son débat face à Mitterrand en 1974. Mais à mon sens, être de gauche, c'est avant tout donner la priorité à la lutte contre les inégalités. Réduire les écarts de richesse entre les individus, garantir l'égalité des chances, assurer la justice sociale, rien ne doit être plus important pour quelqu'un se disant de gauche. On peut s'interroger sur les moyens et la méthode pour y parvenir, mais selon moi la finalité ne se discute pas quand on se situe sur la gauche de l'échiquier politique.

Quand j'ai rejoint l'Élysée, la réduction des inégalités a été l'un des premiers sujets que nous avons évoqués avec François Hollande. Alors qu'il venait d'annoncer un important allégement de charges pour les entreprises, il était accusé par certains de trahir la gauche, mais il conservait de toute évidence la justice sociale comme seule boussole.

Devenu président, il a effectivement permis une réduction des inégalités, grâce à une politique fiscale sociale et très redistributive. Les plus pauvres ont par exemple bénéficié d'une revalorisation du RSA et les jeunes de la création d'une garantie jeunes. Les plus riches ont vu leurs allocations familiales baisser et leurs impôts sur le revenu augmenter.

Imparable pour réduire les écarts de niveau de vie au sein de la population.

C'est l'inverse qui s'est passé lors du premier mandat d'Emmanuel Macron, avec une baisse de la fiscalité des plus riches, via la suppression de l'impôt de solidarité sur la fortune et la création de la « flat tax » que j'ai déjà évoquée. Les écarts de revenu et de patrimoine se sont ainsi largement creusés, ce qui montre – si c'est encore nécessaire – que le Président actuel ne fait pas de la lutte contre les inégalités sa priorité et qu'il se situe donc sur la droite de l'échiquier politique.

La gauche peut ainsi disposer d'un terrain abandonné, celui de la justice sociale. Si elle s'en ressaisit, sans sombrer dans la radicalité ou la démagogie comme le proposent Jean-Luc Mélenchon et ses ouailles, si elle n'abandonne pas les plus modestes à l'extrême droite qui prospère depuis cinquante ans sur la persistance du chômage de masse et la montée des inégalités, elle peut espérer se réconcilier avec le peuple et reconquérir le pouvoir.

« Il y a un chemin », m'écrivait en juillet Julien Dray, éternel Baron noir du socialisme, toujours prêt à en découdre, échafaudant des plans et préparant des coups, avant de compléter : « Mais il faut se regrouper », sans doute dans son esprit comme le font les guérilleros qui préparent une révolution.

« Le macronisme a fini son cycle », appuyait quelques jours plus tard Stéphane Le Foll, en pleine organisation d'une rencontre d'été pour imaginer la gauche de demain et préparer le lancement d'une nouvelle fédération à gauche, avant d'ajouter dans un SMS : « Tout est dans un brouillard épais et il faudrait une bonne brise de renouveau. » Il a raison, mais pour cela il y a une condition *sine qua non* : que le PS arrête de baisser la tête devant La France insoumise, qu'il s'affranchisse et retrouve son autonomie, ce qui constitue un préalable à tout rassemblement efficace.

Comme me l'a souvent dit François Hollande, quand il refaisait devant moi l'histoire de la gauche dans son bureau ou à l'arrière d'une voiture en rentrant d'un déplacement : « C'est la force qui fait le rassemblement, pas le rassemblement qui fait la force. » Encore récemment, il affirmait : « La gauche réformiste doit rester plus forte que la gauche radicale, sinon c'est la droite qui restera au pouvoir. » Lui aussi a raison. C'est la seule stratégie possible pour que la gauche puisse redevenir majoritaire dans le pays.

Je ne peux finir ce livre sans aborder trois dernières questions, qui touchent plus à la communication qu'au fond idéologique et politique qui doit permettre au PS de se relancer.

Tout d'abord, n'est-il pas temps pour le parti à la rose de changer de nom ? Il a pu le faire en 1971, au moment de la refondation de la SFIO, « la vieille maison » qui avait survécu au congrès de Tours de 1920 et au départ des communistes, et de son élargissement à d'autres forces et clubs de gauche réformiste, comme ceux qui étaient animés alors par Jean-Pierre Chevènement et François Mitterrand.

Cela permettrait d'en finir avec l'image de défaite et de chute qui lui colle à la peau depuis quelques années, de poser de nouvelles bases statutaires et idéologiques, mais aussi de rassembler toutes les forces politiques qui se reconnaîtront dans la nouvelle structure, des dissidents de la majorité présidentielle aux radicaux de gauche, en passant par les think tanks socialistes, progressistes et républicains, comme les ONG, les associations et les nombreux clubs rassemblant plus ou moins de jeunes.

D'autres partis l'ont fait récemment, comme le Rassemblement national, qui a succédé au Front national, ou l'Union populaire, qui a remplacé La France insoumise. Ces « re-branding » ont été efficaces, si l'on se réfère aux scores obtenus par ces formations lors de l'élection présidentielle. La République en marche a suivi le même chemin en se renommant « Renaissance ».

Cela comporte cependant des risques, notamment celui de disparaître en perdant tout ce qui reste au PS : son nom et son logo...

Deuxième question : l'incarnation. Elle est fondamentale, tant que nous conservons l'élection présidentielle. Elle ne me semble cependant pas prioritaire. Il faut avant tout se préoccuper des idées, mais les années à venir doivent permettre de faire émerger de nouvelles têtes, et en priorité des femmes, des jeunes et des personnes représentatives de la diversité.

Lors de la prochaine élection présidentielle, la droite arrivera en force avec des personnalités déjà bien connues de l'opinion. Marine Le Pen repartira sans doute pour un tour. Laurent Wauquiez se lancera. Gérald Darmanin, Bruno Le Maire et Édouard Philippe se disputeront l'héritage du macronisme. Il faudra être solide pour relever le gant à gauche.

Qui aura les épaules ? François Hollande voudra-t-il tenter sa chance, tel Cincinnatus quittant sa retraite pour sauver la gauche ? Bernard Cazeneuve décidera-t-il d'abandonner le confort de sa carrière d'avocat ? Valérie Rabot, femme puissante, spécialiste des finances publiques, franchira-t-elle enfin le pas, après avoir si souvent refusé d'être ministre sous François Hollande ? Najat Vallaud-Belkacem, dont le parcours et le talent ont souvent été sous-estimés, se jettera-t-elle à l'eau ? Boris Vallaud, qui ressemble de plus en plus à Jaurès à mesure qu'il vieillit et gagne en expérience, aura-t-il cette ambition ? Carole Delga ou Stéphane Le Foll pourront-ils se faire les hérauts de la reconquête des terroirs et territoires par la gauche ? Ou alors doit-on compter sur l'opposition fulgurante d'une nouvelle personnalité, comme Karim Bouamrane, le génial maire de Saint-Ouen, brillant chef d'entreprise et potentiel catalyseur de la génération Hip-Hop ? Les talents n'attendent qu'une étincelle pour se révéler, mais ils ne pourront le faire que collectivement.

Dernière interrogation, sur l'état d'esprit. La gauche donne depuis quelques années le sentiment d'avoir abandonné toute forme d'enthousiasme.

Comme l'a bien analysé Michaël Fœssel dans son remarquable ouvrage *Quartier rouge. Le plaisir et la gauche*, il est possible de faire de la politique de façon joyeuse dans un monde injuste, sans être pour autant complice de l'injustice. Le combat contre les inégalités, la violence patriarcale, le réchauffement climatique ou l'exclusion nécessitent de la gravité, mais ils ne doivent pas nécessairement conduire à l'ascèse ou à la colère.

La gauche est-elle obligée d'abandonner la joie à la droite réactionnaire et à sa défense de la « liberté de penser » contre le « politiquement correct », et de « l'art de vivre à la française » contre le « moralisme progressiste » ? Ou au contraire, peut-elle renouer avec le plaisir et l'émotion qui permettent d'imaginer une issue positive aux catastrophes qui nous menacent ?

Sans revenir à la fraternité des mines du XIXe siècle ou aux occupations d'usine du XXe siècle, il est temps pour la gauche d'encourager ou du moins d'accompagner ces mouvements que l'on voit surgir depuis quelques années (Occupy Wall Street, mouvement des Indignés en Espagne, Nuit debout et, dans une certaine mesure, occupation des ronds-points par les Gilets jaunes), qui prouvent qu'il existe encore des ferments de joie et d'enthousiasme dans le mouvement social, qui devraient l'inspirer et l'inciter à renouer avec une certaine tradition dont elle s'est trop éloignée.

C'est tout le bonheur qu'on lui souhaite.

Merci à Anavril Wollman, pour avoir cru en moi et dans ce projet.

Merci à Bertrand Delanoë, Laurent Fabius, Christophe Girard et François Hollande, mes anciens patrons de gauche.

Merci à Amélie Cordonnier, amie et source d'inspiration depuis trente ans.

Table

Imprimé en France par CPI
en août 2022

NORD COMPO
multimédia

Composition et mise en pages
Nord Compo à Villeneuve-d'Ascq

N° d'édition : 436764-0
Dépôt légal : septembre 2022
N°d'impression : 170791